蓮心路草

張田黨的人生紀事

張田黨／口述
陳易志／訪問、撰稿
劉承欣／整理

張田黨全家福，太太鄒宜瑾、長女張珮如、長男張豪澤（後排左）、次男張志麒（後排右）。

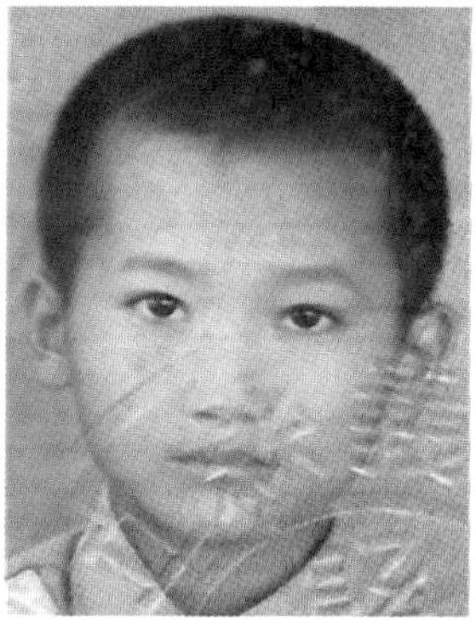

上｜張田黨於小金門當兵時留影。
下｜張田黨小學時期大頭照。

上丨張田黨與牽手鄒宜瑾結婚照。
下丨女兒珮如出生滿月時合影留念。

上｜家人參加員工旅遊，攝於屏東墾丁貓鼻頭。後排右起長男媳婦陳杏茹、長男張豪澤、長女張珮如。前排右起張田黨、大孫女張芊嫻、太太鄒宜瑾。

下｜全家自助旅遊，攝於日本沖繩，後排右起次男張志麒、張田黨、太太鄒宜瑾、長女張珮如、長男張豪澤、長男媳婦陳杏茹。前排右起二孫女張芊媖、大孫女張芊嫻。

為農民發聲 張豪澤宣布參選市議員

〔記者林福來台南報導〕昨天中午，台南市議員參選人張豪澤在「參選記者會」中，發表了三點參選聲明，深切表示他身爲現任「台灣農權總會」會長、日本國立北海道大學社會福利碩士，奉獻民主運動、投入社會福利工作長達二十年，理當責無旁貸，勇敢承擔，爲大新營地區的未來積極擘劃，提出「看見台南新活力」的進步主張。

張豪澤強調，他參選台南市議員的意義，包括：農業是溪北地區的命脈，張豪澤身爲五二〇農民運動開創者「台灣農權總會」現任會長，承擔責任爲「基層農民」奉獻，責無旁貸，正當其時！台南市議會需要「社福碩士」：台南市第一選區內十年來人口銳減達五萬人，高齡化問題更是嚴重，張豪澤投入社會福利工作長達二十年，堅定主張未來的大新營地區要擴大服務弱勢。台南市議會需要「青年戰將」：一九九六年台灣首屆總統大選，中國政府向台灣海峽試射飛彈，豪澤與全國各大學本土社團學生在二二八公園靜坐二十二天，各大媒體均以頭版報導。

學成後回到台南地區深耕，亦曾擔任民主進步黨第一屆大台南市黨部副執行長，承擔責任爲「台灣價值」奉獻，責無旁貸，正當其時！

張豪澤也感謝長期關心地方公共事務張兆榮醫師蒞臨支持，以及青年農夫楊家銘蒞臨「參選記者會」會場，發言鼓勵他。同時，還有長期以來最疼惜、鼓勵我的國策顧問、台灣之友會黃崑虎會長，也勉勵張豪澤雖然年紀尚輕，但卻深具「台灣意識」，是值得栽培的「民主幼苗」，應當勇於入陣，積極爭取爲民服務的機會。

師承北海道大學光榮傳統的張豪澤，以社會福利爲終身職志，如今決意勇敢承擔，開創台南新力量，他已經準備好了！懇請市民支持！

台南市議員參選人張豪澤（中）以農業與社福專長，堅持為新台南承擔！（記者林福來攝）

張豪澤繼承父親關懷農民、發揚台灣價值之志，投身市議員選舉。

張田黨（後排左三）加入民進黨，並參加黨中央舉辦的幹部訓練營留影。前排左起為盧修一、姚嘉文、黃信介、江鵬堅。

張田黨在美國參加進修課程，與李瑞木（上圖中）、曾中山（上圖左）、林哲夫（下圖右）合影。

張田黨前往台獨聯盟位於日本的「玉山書院」短期進修，與黃昭堂（下圖右）合影。

民進黨於白河水庫廣場舉辦新春烤肉聯誼活動，張田黨與民進黨前任黨部主委潘輝全（上圖右）及施明德（下圖右）合影。

上｜ 1989 年 12 月，魏耀乾參與第 1 屆第 6 次增額立法委員選舉，舉辦演講會，張田黨到場助講。

下｜ 1991 年，黃憲清選國大代表，競選總部成立，張田黨到場助講。

上丨 1991年5月20日遊行，聲援獨台會案。
下丨 1992年4月19日，要求總統直選「419大遊行」，與李俊毅合影。

張田黨擔任民進黨台南縣黨部主委期間，為民進黨置產做為黨部，「入厝」啓用儀式貴賓剪綵，現場熱絡。

新營市長補選「三支槍」事件，張田黨控告吳木桐開槍，並帶鄭天德、王獻彰，與立委魏耀乾、邱垂貞到法務部投訴。

張田黨於市長補選造勢場合演講。

上｜1993 年，陳唐山競選台南縣長造勢活動，張田黨於戰車上留影。
下｜主委授戰旗儀式。

縣議員、鄉鎮市長選舉誓師大會，陳唐山與張田黨帶領議員及鄉鎮市長候選人誓師。

上 | 張田黨在永康召開協調會，積極推動處置王田垃圾場。
下 | 張田黨擔任兵役委員會主任委員。舉辦在營軍人權利公聽會，推動役男保障。

張田黨擔任民進黨中執委留影。

上丨 1994 年，葉宜津參選台灣省議員，張田黨陪同到國民黨部前抗議。
下丨 1996 年，李俊毅首次參選立法委員，張田黨到場助講。

上丨 1996 年，阿扁來家拜訪。
下丨 2003 年，與黑名單郭倍宏合影。

張田黨全家與林義雄先生一起參與核四公投遊行，於台南永康合影。

蓮心園啓智中心開幕典禮，張田黨（左五）與姚嘉文（左四）、甘惠忠神父（左三）、林義雄（右三）、陳哲男（右二）、張士賢（右一）等貴賓合影。

上 | 新營之聲電台與蓮心園共同舉辦捐血活動。
下 | 新營之聲電台與蓮心園共同舉辦唱歌比賽實況。

張田黨與志工一起為獨居老人與院生包粽子。

張田黨波折求學路，終於逢甲大學合作經濟系畢業，與陳靜夫老師合影。

2004 年，張田黨榮獲第二屆廣播金音獎。

上丨2008年，謝長廷、蘇貞昌代表民進黨參選第12任正、副總統，張田黨與崑濱伯、清林叔駕駛牛車，發起農民在地遊行聲援支持。

下丨2015年7月，張田黨接受名主持人鄭弘儀電台專訪。

2020 年蔡英文總統爭取連任，全國商業公會後援會舉行選戰倒數工作會議，由總會長蘇嘉全主持，張田黨與會發言。

陳水扁總統接見廣播電台業者主持人合影留念。

2018 年 12 月 29 日，蔡英文接見張田黨和廣播電台同業。

張田黨與蔡英文總統合影。

目次

序一

遙想黨外時代的奮鬥歲月

邱義仁 民進黨前祕書長

黨外時代，似乎很遠，也似乎很近。一轉眼，和田黨兄一起已走了三十幾年。這幾十年來，因爲對台灣的感情，對自我要求的執著，田黨兄不論是在政治工作上、在農民運動上、在社福照顧上，都無怨無悔地投入，沒有什麼功名利祿可言，只有默默地付出。

回首過往，如今像田黨兄這樣孤寂的身影，已經愈來愈少。這本書，記錄了他在一個變動時代中的種種，但或許也是一種自我交待吧。

序二

化爲蓮心的大愛

陳唐山
前台南縣長、前外交部長

收到田黨兄的回憶錄後，從頭到尾細讀一遍，字裡行間透出的質樸情愫是很多人的生命體驗，只要是嘉南平原的農家子弟，大多忘不了釣青蛙、甘蔗田和田鼠肉交織而成的農鄉印象，那種飄盪在空氣中的田庄氣息，曾經徜徉於此的人就能心領神會。

來自嘉義鹿草的張田黨久居蓮鄉白河，洋溢著熱愛鄉土的純樸性格。他對長輩的描述，想必勾起不少人的回憶，他說儉腸捏肚的祖母，只願吃剩菜，物質匱乏的年代，深怕離世後別人不敢穿她的舊衣，所以把子女送的新衣服都小心翼翼收藏起來，深深刻劃出早年台灣婦女惜福愛物的性格。看過回憶錄的人，腦海裡應該會浮現出祖母和母親那種純樸、認命又充滿韌性的臉龐。

他本來被取名田長，代表「田地增長」，卻因戶政人員手誤變成田黨，還參加戰後第一個反對黨的成立，前半生和政黨結下不解之緣。他的俠義性格彷彿與生俱來，聽聞不義就會挺身而出，歷經美麗島事件的啓蒙和林宅血案的震撼後步上反對運動的路途。民主進步黨建黨之初，國民黨抓人的風聲甚囂塵上，台南沒幾個人敢參加這個隨時可能鋃鐺入獄的新政黨，而張田黨無懼親族的反對毅然入黨，光從這點就看得出那股義無反顧的血性。

出任台南縣黨部主委後，積極投入民主紮根的工作，反而荒疏了西藥本業，但仍無怨無悔。當時台南縣的政治地盤還是國民黨的天下，弱小的民進黨想要挑戰龐大的黨國體制，簡直就像蚍蜉撼樹。不過充滿熱情的張田黨還是遍尋人才，鼓勵他們參加新營市長和鹽水鎮長的補選，最後雖然敗選，但民進黨的支持度已大幅躍升，從而引起國民黨的緊張。

尤其，當時的地方政治幾乎等於黑道政治，擁權攢錢的黑道民代儼然成為地方的土皇帝，連警察都得敬畏三分。這些民代多屬國民黨籍，自然加深民間對國民黨「黑道治國」的印象。一九九二年的新營市長補選，選情緊繃之際，國民黨競選總幹事吳木桐副議長在派出所鬧出掉槍事件，警方懾其威勢，不敢積極作為，人在現場的張田黨要求警方不得縱放，堅持檢察官到場偵辦，終於讓吳木桐就逮。放眼當時的政治環境，地方議會黑影幢幢，敢怒不敢言的社會中竟有人不畏黑幫，眞不知是豪勇還是憨膽！

張田黨堅持查辦吳木桐，從台南扮演先發角色，開始推倒國民黨黑道參政的第一張骨牌。後來屏東縣議長鄭太吉當街槍殺仇家，全國媒體無人敢書其名，終於有蔡式淵立委出面揭發，地方政治才逐漸擺脫黑道掌控的局面。而今想來，這種道德勇氣確實難能可貴。

談起我和田黨兄的結緣，可以溯及我的滯美時期。當時黨外勢力剛突破國民黨的箝制組成民主進步黨，時任台南縣黨職的張田黨赴美訪問，他說我溫文儒雅，根本不像國民黨形容的台獨大魔頭，力邀我返鄉參選。後來，我先擔任僑選立委，但冥冥中似乎早有定數，縣長初選勝出的鄭自才因出獄日無法趕上登記時程，產生資格爭議，張田黨前往中央黨部力挺排序第二的我參選，終於讓我有服務鄉親的機會。

我在一九九三年順利當選，不只象徵民進黨在台南縣攻下橋頭堡，更是張田黨耕耘多年的成果。所以說，我從美國聯邦政府的公務員變成台南縣長，也要感謝這位伯樂，然而他卻功成不居，這種胸襟堪稱民主典範。

卸下中央黨部的職務後，他決定離開奉獻多年的民主運動，回到白河籌辦慈善事業「蓮心園」，這幕場景不禁令人想起義大利建國三傑的加里波底（Giuseppe Garibaldi）解甲歸田的灑脫。難能可貴的是，他從事的是需要高度耐心的工作，因爲過去社會安全體系不發達，身心障礙者無法獲得妥適照顧，虐待情事時有所聞，像龍發堂的內部管理被披露後，社會才驚覺精神病患遭受鐵鍊栓綁的處境。

張田黨在二十年前投入這個領域，正好銜接舊安置機構瓦解後的空窗期，他秉持著民進黨草創時期的拚搏精神，尊重身心障礙者的人格尊嚴，親率同仁協助院生清理便溺，教導喜憨兒在農場栽植蔬菜，培養他們與人群接觸的感知能力與生活技能。透過人道主義的管理方式，許多受虐的障礙者逐漸從瑟縮牆角的驚恐狀態中重新綻放笑容，這種成就感絕對不亞於勝選的喜悅。

仲夏時分，蓮田旖旎，蔚為白河美事。蓮花色澤紅潤，蓮藕及蓮子可食，蓮心雖苦，卻能入藥，蓮心園耕耘二十年有成，已經滿綻善念的花朵。田黨兄長年奉獻民主，盛壯之年投身慈善領域，不斷散發光熱，做為一路相挺的老戰友，謹祝福他續化大愛為蓮心，扮演苦口良藥的角色。

序三（遺序）

一生相挺、鬥陣的好兄弟

戴振耀
前農委會副主委

我和田黨兄認識於民主運動。在對抗國民黨專制時代裡，走上街頭是家常便飯，被警察推倒，被水柱驅逐，是我們年輕時的生命印記。後來，在地方參與反對黨選舉，以地方政治挑戰國民黨政權，被情治單位跟蹤，甚至被國民黨利誘威脅，逼迫放棄參與反對黨，但我們仍堅持理想，在國民黨監控下，跟他們鬥智鬥力，這是我們共同的記憶。

來自嘉義縣鹿草鄉的張田黨久居台南蓮鄉白河，洋溢著熱愛台灣的純樸性格，跟我一樣出身農村農家子弟。我們不僅關心民主政治發展，更關心農民權益。我因爲在美麗島事件高舉「停止剝削農民」六個字被判刑，出獄後在基層組織農民運動。也因我們同是農民子弟，對於國民黨專制政權下的農民處境和權益問題特別關注，一起努力替農民發聲，一直以來也從未放棄。甚至在二〇一六年，我們仍持續組織農民，一起爲農民爭取權益。

從黨外到民進黨成立，田黨兄積極投入民主扎根的工作，出任台南縣黨部主委、民進黨中執委、組織部主任等職務，是台灣草根組織優秀人才。在當時的黨內，李江海前輩、陳定南和田黨兄，雖然來自不同地方，卻因堅持一些理想，站在台灣立場，成為相知相挺的好朋友，各自在自己的領域奮鬥，時時互相關心，彼此加油。

卸下中央黨部的職務後，他決定離開原本的政治圈子，回到白河籌辦慈善事業「蓮心園」，關心身心障礙者，為獨居老人送餐。這是一件需要高度細心與耐心，更需要無限愛心與關懷的工作。因為過去社會福利體系與建設不完善，社會大眾對身心障礙並不了解，以至於許多身心障礙者無法獲得妥適照顧。但一如參與民主運動時的打拚與堅持，田黨兄重視身心障礙者的人格健全與人性尊嚴，努力培養他們獨立自理生活的能力，持續為台灣這塊土地努力。

田黨兄蓮心園耕耘二十年有成，長年奉獻民主，並持續關心農民權益，堅持自己的理想，也是我們基層工作的好夥伴，令我非常敬佩。有時陣，想起和田黨以及過去關心農民的兄公做伙，上街頭和國民黨打得頭破血流，爭取民主，為台灣打拚，雖然沒有賺到湯也沒有得到粒，但是得到一群一輩子的好兄弟，我們這一生的奮鬥也就值得了。

序四

俠骨拚民主，柔情做社福

李登財
前台南縣議員
蓮心園社會福利基金會執行長

我和張田黨結緣於台灣風起雲湧的一九八〇年代，因政治理念相近，互相欣賞進而互相支持。彼時民進黨正要崛起，無論是在台北街頭的遊行抗爭，在台南縣廟口演講，或是大小選舉的助選，黨務工作的推展，打破媒體壟斷，有線電台、社區廣播電台的設立，各項社會議題抗爭衝撞，我們都是充分配合，可說是有默契的搭檔。

田黨兄先後擔任民進黨台南縣黨部評委召集人、第三屆縣黨部主委，尤其在他擔任黨部主委任內，主持輔選陳唐山競選台南縣長成功使台南縣易幟，也讓大台南綠色執政得以鞏固，影響至今功不可沒。他也因此聲望日隆，受到全國矚目，進而順利當選民進黨中執委。實際參與民進黨中央決策過程中表現優異，後受林義雄主席重用，延攬擔任民進黨中央組織部主任。

田黨兄爲人正直、剛正不阿、是非分明、不畏權勢，但也有豆腐心吃軟不吃硬的時候。他對於理想目標的堅持是不達目的絕不罷休，而且善於無中生有。對於工作，他認眞勤奮不懈堅持到底，遇到任何阻礙一定排除，就像一台開山闢路的推土機，一定會開出一條山路。在擔任縣黨部主委任內購置辦公廳舍，那時黨部沒錢（尚欠租金）也沒人（黨員人數不多），考量到民進黨永續發展的扎根工作，他毅然決然到處奔波勸募資金來購置黨部空間。後來，爲了有一個可以爲台灣人民發聲的電台，即使新營社區電台（今台南線上）已虧損連連無法承受，他仍然到處尋求資金挹注，堅持要把電台保留下來，化腐朽爲神奇。

田黨兄個性作爲強勢，但不失其俠骨柔情的一面，在他卸下黨務工作後，回鄉創立蓮心園社會福利基金會，爲弱勢族群發聲，同時設立啓智中心教養機構，實際照顧喜憨兒，關懷社會底層最無助的人群，難能可貴，實爲眞正強者。

田黨兄一生堅持政治理念「台灣主權獨立」始終如一，至今（年近七十）尙在社區電台台南線上每星期固定發聲，從不間斷。他的一生作爲仍在影響著台南鄉親，張田黨是台南縣民主發展進程裡的重要一員，他的回憶錄値得一讀，特爲序。

序五

平凡的努力，造就不平凡的鹿草傳奇

于躍門
財團法人台灣合作事業發展基金會董事長

當我拿到這本書的文稿時，心中很是喜悅，隨即一邊啜飲高山茶，一邊走入字裡行間，慢慢地被書中的眞實吸引，思緒跟著起伏，視野也隨之擴大。我知道我正在閱讀嘉義鹿草傳奇人物的傳記，記載著過去眞實發生而非虛構的人生蛻變史。

人生的蛻變，來自不同淬鍊的自我轉化，是歷經不同境遇後的自我提升。變化，在不失本質的情況下，從過去的我過渡到新造的我，以更圓熟的我迎接下一個挑戰。轉化的力量，須藉由正面的態度方足以完成。

張田黨董事長在成長的過程，確實經歷不少的逆境與順境。處於逆境的時候，視之爲成長的動力；處於順境的時候，看成是成長的激勵。他，始終以正面的態度面對人生，奮力游過湍急的八掌溪，來到開闊的世界，默默地拓展人生的大道，創造具有時代意義的生命價值。

從這本書，看到張田黨董事長走過孩童時期、心戀時期、服役時期、社運時期、黨政時期，以及社福時期。雖然在不同的時期會有不同的機遇與挑戰，但他仍以不變的本質面對它，把不可能的變成可能。謙讓、勇敢、平等、公平所交織出的正義，正是張田黨董事長推動他邁向卓越，讓他的友人領悟到「平凡中的不平凡，不平凡中的平凡」這句話的眞諦。

張田黨董事長自稱是大石頭縫中長出來的小草，先天養分不足。然而，媽媽加倍呵護他，給他足夠的奶水；老天沒有忽視他，給予充足的露水。在大自然的陽光、風雨澆灌下，這位出生於鹿草的小孩逐漸成長。

成長的環境是艱困的，因爲貧窮往往會扭曲人與人的不平等。隔壁村莊的阿元伯，孤苦伶仃，四處打工養活自己，最後，在寒流來的冬天，以僵硬的身軀，向世人述說他離開的無奈。村內，身心障礙的少年阿福，終日鎖在鐵籠，只因父母不要給鄰里朋友帶來困擾。阿福一出生就失去了活動的空間，還不如家犬，尚可自主地走動。他體會到，人生而不平等，後天又難有公平的對待。殘酷的社會寫實，就在張田黨董事長眼前一幕幕上演，烙印在心中。

成長過程中，張田黨董事長懂得回報。孩童時期，回報家族，謙讓就讀嘉義中學的機會，離鄉背井來到嘉義大城市充當醫務助手，學習醫藥相關的知識。看似痛苦的抉擇，卻爲日後開設西藥房奠定了厚實的專業基礎。老天有眼。

進入心戀時期，張田黨董事長體會到少男少女傾心的戀慕，有如醇酒般令人迷醉，我想這是他第一次感受到世界變得美麗了。在兩次的命運安排下，張田黨董事長有了哀愁，躊躇在要或不要之中。美麗與哀愁開始並聯發電，最後他跳出困境，勇敢地尋找自我，尋到更有意義的伴侶。老天眷顧，爲他安排了既賢慧又懂事的鄒宜瑾女士，成爲他未來發展的賢內助。

服兵役時期，張田黨董事長看到了黑暗與光明。黑暗與光明是人類發展史的正常現象，周而復始，圍繞著人們，穿梭在不同的時空。當時，張田黨董事長能做的，就是讓黑暗乍現光明，縱使是燦爛一現，也認爲正義獲得伸張。服兵役讓他接觸到不同的人、事、物，黑暗與光明交錯出現，他開始思考：是否可以縮短黑暗、延長光明？這時，張田黨董事長的思想逐漸定型，同時，透過軍中的自學機制通過考試，取得彌足珍貴的高中畢業證書。

有了高中畢業證書，張田黨董事長並不因此滿足，持續蛻變。

爲了求得經營管理的知識與技能，他參加了我在新營中學辦的第一期「逢甲大學經營管理學分班」。坦白說，辦學辛苦，每天幾乎忙到夜晚一二點才得以安眠，清晨六點又得起床開始一天的工作。但是，當我看到張田黨董事長那麼珍惜光陰，每堂課都聚精會神學習時，一切辛苦的付出都是值得的。直到今天，我依然記得張田黨董事長謙卑學習的態度，像一塊海綿努力吸收、努力消化，終於通過層層的考試，取得大學文憑。他願意放下身段，縮小自己，孜孜不倦，尋求大理想，是他留給合作經濟學系的典範。

在台灣，社會運動與政黨政治是前後相關連的活動，可以這麼說：沒有社會運動的催生，就沒有政黨政治的誕生。至於支撐張田黨董事長一股腦兒投入社會運動與政黨政治的力量是什麼？我想有三股力量。一是不同時期他對眞、善、美的追求，希望國家社會更具正義的內涵；二是青少年時累積的醫藥相關的知識，得以開設西藥房，有了一定的經濟基礎；三是願意長期在風雨中相伴隨、相支持的牽手。在這三股力量推動下，張田黨董事長堅定他的政治主張，沒有成爲變色龍，沒有因畏懼權勢而退縮，更沒有落入政治酬庸的染缸。他做到了政治人物少有的風範，理性堅持、理性批判，讓他贏得黨內高層的尊重。

完成了階段性的任務，張田黨董事長謙辭安排，歸隱山林。兒時阿元伯、阿福的影子浮現眼前，千辛萬苦、胼手胝足，創立了蓮心園社會福利基金會，爲安置更多的阿元伯、阿福們，他奉獻心力，造福鄉梓，令人敬佩。

看完整本書，讓我想起西遊記中的孫悟空，從大石蹦出來，戰勝妖魔鬼怪，一路護送三藏取經；千年後的今日，從大石頭縫鑽出來的小草，經過千錘百鍊，拿起正義的寶劍，抵禦群魔，終於蔚爲大樹林蔭。

張田黨董事長成長的歷程，可謂是從對厝邊的愛，擴展到社會的愛。這是他眞實的寫照，感動了我，樂以爲序，以饗讀者。

序六

堅持正義，心懷慈悲

——張田黨先生

陳靜夫

逢甲大學合作經濟暨社會事業學系教授
台灣兒童暨家庭扶助基金會常務董事

一九九〇年代，教育部將大學夜間部轉型為進修部及開放推廣教育，讓在職人士有進修的管道。逢甲大學為配合此項工作，特在嘉南地區成立經營管理學分班。

我奉派為逢甲大學推廣教育學院嘉南辦事處主任，負責招生、課程及師資的安排。當時有很多在社經上有成就的人士，為了追求更多的專業知識前來就讀。張田黨先生就是其中一位。他兩年內修習約八十個學分後，以優異的成績考入一般生。年過半百，身兼數職，在百忙中，每週抽出四天從新營至台中本校上課。就學期間，他曾修過我的會計學、合作經濟思想史、社區經營與管理等課程。令我印象深刻的是，他風雨無阻、勤作筆記、勇於發問、治學嚴謹。我曾目睹他對上課散漫、在課堂上說話的同學喝斥：「我慚愧與你做同學。」以後班上同學都對他敬畏有加。

張田黨先生有正義感。戒嚴時期，他不畏威權投入社會運動。曾任民進黨台南縣黨部主委，也擔任新營之聲電台負責人及節目主持人，對當時的國民黨發出嚴厲批判。心懷慈悲、關懷弱勢，創辦蓮心園社會福利慈善事業，並附設啓智中心基金會，長期奉獻自己，照顧喜憨兒及獨居老人。我曾親耳聽見他對工作同仁說：「魚肉留給啓智班的學員，我們自己吃魚頭魚尾就好。」可見他對喜憨兒的照顧無微不至，慈悲心令人敬佩。

「工作態度嚴肅，心地善良。」正是張田黨先生最佳的寫照。

序七

我所認識的張田黨

陳易志
前《中國時報》記者
本書採訪者

一九九二年是我在平面媒體服務的第十二年，台灣剛解嚴五年，社會各環節仍呈現混沌不明的狀態。但張田黨已經「自我解嚴」十數年，從黨外陳抗行動到擔任民進黨台南縣黨部主委，在我看來，他走在那個時代的最尖端，面對蠻橫的執政黨，維持反對黨的尊嚴，永遠保持不卑不亢的態度，不隨波逐流，始終如一的精神令人刮目。

張田黨給我的印象是：個頭不大，長相斯文，不像剽悍的反對黨人士，反而比較像殷實的老師或公務員。我私下不禁暗暗覺得：「這樣的人如何帶領民進黨對抗財大氣粗的執政黨？」但後來發生永康垃圾大戰，掩埋場悶燒影響當地民眾健康，張田黨毅然插手，用行動阻止垃圾持續進場，以這個方式引起執政黨的重視。這一招讓我見識到他的果斷行動力。

接下來這招更是罕見。有一天，媒體同業互通訊息，指縣府前將有大事，一夥趕緊聚集到台南縣政府前面。不久，兩輛垃圾清運車抵達現場，高分貝廣播指摘主管官員不理不睬，接著操作車斗升高，將垃圾成堆卸下來，頓時一陣惡臭飄散開來，連維持秩序的警察人員也為之錯愕。隔天媒體大篇幅報導，永康垃圾問題終獲高層重視，允諾永康、新營各蓋一座焚化爐，後來新營沒有蓋成，但永康順利解決了難題。

這件事情大大翻轉了我對張田黨的看法。原來他不像外表看起來那樣溫溫的，火辣起來的行動力眞是不得了。接下來，因為採訪工作經常接觸張田黨，原以為他一定會拿這件事情好好捧一捧自己，卻發現他依然如常，絕口不提曾經發生過的那些事情，只說事件終於落幕，民眾找回健康最重要。

後來發生新營市長補選三支槍事件，轟動全國。事件發生時，張田黨剛好拜訪台南縣警察局，才接受局長以好茶款待，突然傳來己方人員遭槍擊，張田黨立即進入狀況，當場報案，並率領人員抵達現場坐鎮監督案件發展。當時，他做了兩個動作使得案件不致脫軌，完整進入偵辦程序：第一，動員全縣支持者抵達現場向當局施壓；第二、堅持檢察官必須到場指揮辦案。

張田黨處置得宜，步步為營，沒讓對手得逞免脫。儘管後來沒有勝選，但這件事的張力日愈擴大，突顯了對手黨的蠻橫無理，在後來的各類選舉中發揮影響，使得民進黨逐漸擺脫敗選的陰影，站穩在台南的勝選基礎。張田黨臨危不亂、厥功甚偉，獲黨中央正視、重用。

民進黨草根出身，相較於執政黨擁有寬敞的辦公廳舍，黨工有眷舍，簡直無法比擬。因此，張田黨想到一定要有一個固定的廳舍做為據點，才能凝聚人潮、穩定支持群眾。他運用得宜，向縣內財團募得大筆款項做爲購屋頭期款，再設法以募款方式付清全部款項，順利在縣轄首善新營購置一棟三角窗、臨重要道路的房子，成爲民進黨台南縣黨部的重要基地。爲了不讓產權發生糾紛，還登記在黨中央名下，成爲「黨產」，在全國各地黨部中絕無僅有。

相識多年後，我對張田黨的看法是：不能以貌取人。他用堅定的腳步達到他預設的目標，遇到任何障礙都能設法越過或加以排除，一如他跨足社會福利領域，從一開始的簡陋房舍、不到十人的規模做起，逐步成爲南台灣頗具規模的社福機構。從預想到達標，張田黨似乎永遠有一套自己的程式在走，來自嘉義鹿草鄉下的庄腳囡仔，靠的是向惡劣環境學習來的堅定不移的毅力，只要持之以恆，就一定達到目的地。

序八

我的丈夫

鄒宜瑾　張田黨牽手

我生於台南白河，今年已六十四歲。父親從後壁入贅到白河廣安里林姓大戶人家，安分守己從事務農。不過早年農村因爲需要大量勞動力，重男輕女的觀念很強，所以我小學畢業就輟學，準備出社會賺錢貼補家用了。

當時是民國五十六年，台灣經濟正要起步，都會區工廠或家庭代工到處徵求女工。我原本是想學美容美髮，到了美容院的第一課是當洗頭小妹，但我偏偏天生富貴手，根本不適合從事這個行業。剛好隔壁村莊朋友的親戚在台北開設服飾店，需要裁縫女工，我也就收拾包袱跟著友人到台北工作。

當裁縫學徒的第一步是學做鈕扣。以前製作衣服，每個步驟都要手工，就連基本的鈕扣孔也得先畫好位置，再用剪刀剪開，以針線一針一針將橢圓形的鈕扣孔縫起來，再接下來才是釘鈕扣，非常耗工又耗眼力。儘管一個月薪水才兩百元，但暫時能換得三餐溫飽，不致流落街頭，對一個小學剛畢業的小女生來說，就已經是天大的好事情了。

這樣的日子過了兩年，我和同鄉友人發現同樣類型的工作，在其他成衣廠從事平車拷克的工人是論件計酬，似乎比較划算。經過盤算之後，我們也前往應徵，習得兩年手藝之後，裁剪縫製功力大大精進，每個月收入也跟著大幅增加，平均可以收入五千元，扣除生活所需，還能寄錢回白河老家貼補家用。

也就是在台北打拚的這三年，當我逢年過節返家時，和大我五歲的房客張田黨相識。我們初見面時，他非常靦腆，但我偶爾回家看到他，漸漸地由零星攀談到無所不談。言談當中，我感覺他對父母十分孝順，凡事都從雙親的觀點考量，因此覺得他可以託付終身，兩人開始談戀愛。我也從遙遠的台北返回嘉義，就近找到裁縫工作。後來張田黨去當兵三年，他退役之後，我們馬上共組家庭，長女張珮如、長男張豪澤、次男張志麒依序誕生。

結婚後，張田黨在白河鎮上開設小藥鋪營生，也因爲經濟壓力較小，開始接觸黨外運動而踏上陳抗之途。雖然我曾勸他，等孩子長大、家庭穩固再放手參加各類運動，但他有感於兩位朋友才四十多歲就意外猝逝，時間不等人，而踏上了爲台灣奉獻的道路。

我是農村出身的孩子，沒念太多書，不知道當時台灣發生什麼事，但總是以丈夫的決定爲依歸，說一不二，做他最有力的後盾。面對警方或情治單位的打壓，雖然害怕，但是硬頸挺起來。我心想，救台灣這件對的事情，大家都不做，若再限制丈夫去做，那麼誰去做呢？只是偶爾想起丈夫回嘴稱：「若被抓去坐牢或死了，還有多位弟弟會幫忙養家。」還是覺得一心爲台灣的丈夫眞是無可救藥的樂觀。哪有人會有餘力幫忙養他人的家庭？即使是親兄弟恐怕也很難吧！

事實上，我的婆婆一直很擔心先生從事黨外運動，每次返婆家，總是聽到婆家人叨念張田黨參加所謂的「恐怖運動」，深怕惹政府當局不高興，引來不測後果，也希望我這個媳婦多管管先生，勸他以家庭爲重。只是我認爲「嫁雞隨雞、嫁狗隨狗」，我也明白張田黨的個性，從來不過問或制止他的決定，因此屢屢被婆家叨念。我除了努力安撫，其他的也只能往肚裡吞。

一九八五年，阿扁返回台南縣投入縣長選舉，但他受到當時國民黨設計的山海夾攻，山派由醫界出身的胡雅雄出馬，海派由台北報界返鄉的李雅樵出線，再加上無黨籍的蔡四結側翼進擊，情勢相當險峻。時値戒嚴，張田黨主動出擊擔任阿扁台南縣溪北競選總幹事，總攬溪北鄉鎮的競選事務。

國民黨除了檯面上猛烈炮轟阿扁之外，檯面下也發動人情攻勢，意圖影響張田黨的輔選工作。調查人員的電話軟中帶硬，要我勸丈夫應挺同爲醫界出身的胡雅雄，再不然也應支持曾任教師的李雅樵，或者是同鄉的蔡四結，不要再執迷不悟挺陳水扁了。我聽了心頭感覺毛毛，想說這些人管的還眞多，自己不去拉票挺他們的人，反而阻止別人挺阿扁，但口頭上也只能笑笑說「好、好」加以應付。但沒想到最後是李雅樵當選台南縣長。之後，陳水扁偕吳淑珍在關廟謝票時遭鐵牛車衝撞，導致吳淑珍終生下半身癱瘓。

其實很多親朋好友也都有同樣的疑慮，希望我勸丈夫不要站在第一線。我也非常明白親友的好心善意，但也很明白我的丈夫心裡在想什麼。儘管因爲返鄉參選台南縣長的陳水扁、吳淑珍出事，增添了許多心理壓力，但我還是一如往常招呼西藥行生意、照料家庭三餐，希望能當丈夫最堅實的靠山。

只是之後不只是警察來問，連衛生所主任、西藥房同業友人也都來關心，動之以情，希望勸阻我先生不要參加，或不要主動招募參加人員。我在家一整天，各單位人馬絡繹不絕，問人數、勸阻參加等等。幸虧我學習裁縫，個性耐煩，面對這些詢問和重複的走訪，我有問必答、笑臉迎人。因爲我認爲，愈怕對方只會愈軟土深掘。只有堅定不移，不要隨著情勢起伏，站穩立場，不卑不亢地應對，反而能夠讓對方知難而退。一旦稍微動搖，後果可能難以預料，這也是我從張田黨參加陳抗運動中學到的經驗，相當受用。

我和我的丈夫都因爲早年經濟環境差，學歷不高。我只有小學畢業，張田黨則是初中。但我們都沒有放棄繼續上學的念頭，在三名子女都陸續長大之後，我們各自利用時間進修，我到白河國中、工商職校上夜補校，補齊了國高中學歷，張田黨也藉空閒時間補起高中、大學學歷。家中三名子女也都研究所畢業了。我雖然僅拿到高中文憑，但能看能寫能讀，已感到十分滿足。

張田黨後來擔任民進黨台南縣黨部主委、中央組織部主任、台南縣政府兵役協會主委等職務，往來都是有頭有臉的政壇人士。我多半在一旁協助、默默守候，在他受挫折時，靜默傾聽怨言，在他得意時，共同分享喜悅。他後來投資廣播電台、蓮心園啓智中心事業，經營得有聲有色，我也有幸參與其中，一起造福社會。

我與張田黨結婚已經超過四十年，如今他也已邁向七字頭，希望他不要再像年輕時那樣，明明只有一分力量，卻硬要擠出三分以上的力氣，一心就急著想要達成目標，不能再像從前那樣，南北奔波趕場挺黨外運動，會把自己逼得太緊。畢竟歲月不饒人，能夠平安健康，就是最好的福報。但這本書仍然記錄了他樸實努力的半生，和我共組家庭之後一路走來的激盪歲月，希望他的品格和參與民主運動的經驗，能爲台灣的未來留下不愧對子孫的見證。

自序
路草人生爲台灣

張田黨

我一直認爲我是從大石頭縫中生出來的小草，靠大自然滋潤，汲取日月精華，爭取生長要素，接受地球上的風吹雨打，成爲壓不扁、踩不死的小草。我的人生各個階段都是一步一腳印堅定往前走，循序漸進完成重要的理想與目標。

過去，我一頭栽進社會運動，經歷各種風險，毫不畏懼，期待打造一個適合本土成長的政治環境，終於完成階段任務，完全無愧於心。接著，我投身社會福利領域，希望協助弱勢者過百分之百人性化、有尊嚴的日子，每一次看見憨慢兒專注吃飯、遊戲，流露快樂的神情，更有人可以在外工作賺錢，成爲自力更生之人，就是我最滿足的時刻，也是創辦蓮心園啓智中心最大的理想與抱負。

我從事黨務工作，卻沒有直接投入選舉，自感不適合站在幕前。不過，在政治主張方面，我人生最大的願望是，希望能夠看到一部符合台灣兩千三百萬人民福祉的憲法被制定出來，同時成立台灣共和國，確保台灣人民的生命與財產安全，讓下一代子子孫孫在福爾摩沙這塊土地上，有尊嚴、有保障地過著世外桃源般的幸福日子。

我經過三次大手術，以及膽囊炎的摧殘，才了解健康的重要性，目前經過一番努力，徹底改變生活起居和飲食，尤其油品的量及品質，健康已漸改善。我想把這些心得與社區長輩分享，除了在電台節目中分享外，我也準備至社區宣傳，正確照顧自己的身體不是靠醫生或藥品，而是完全靠自己。

熱衷社運與社福之外，我常想，自己生長在一個務農大家族，身爲農家子弟，一直耿耿於懷的是：爲什麼農民都要看天吃飯？這是我放在心中很久很久的問號。一次颱風豪雨，可以把農民所有的心血化爲泡影，農民除了受制於政府既定政策外，也完全受大自然宰制，實在很不公平，也亟待翻轉。

目前台灣已有人倡導新農業，我希望台灣未來的農業是可以預期、可以規劃的。而政府更有義務協助農民脫離看天吃飯的宿命，爲農業開創出一片新天地，種出優質的農產品，帶給世人健康，不要年老一堆毛病。

在我接下來的歲月之中，將走入新農業，開創出異於傳統的務農方法，期待爲未來世代的農業貢獻一份心力。

一、天下第一大黨——張田黨

「田長，這孩子要取這個名字，意思是田地會增加、變多。」自張田黨出生的一九五〇年起，由於阿公張隆珠擅於經營，家中田產倍增，張隆珠便吩咐兒子幫孫子取這名字，寓意田地有增無已。但是陰差陽錯，當年的戶政事務所人員可能耳背，也可能口誤，錯將「田長」記成「田黨」。

不過，這個無心之過寫下的特別的名字，卻讓很多人眼睛爲之一亮，更讓張田黨一生獲益無窮。

說起張田黨的名字「田黨」兩字，許多初見的朋友都十分好奇，大家都會問他，取這個名字有什麼特殊意義？因爲從字面上來解讀，拿田地組成一個黨，以台灣農地面積，不論從人數、土地數量、市面價值，那眞的可以成爲全台第一大黨了。事實上，這名字確實與農地有關，也跟張田黨家裡務農有關。

同住台南市白河區的國民黨籍台南市資深民代、市議員張世賢曾說：「國民黨不好、民進黨也不好，我們來加入天下第一大黨張田黨，好不好？」雖然隸屬不同政黨、政治立場也不一樣，但張世賢跟張田黨很要好。每當國內兩大政黨頻頻在政策上出差池時，張世賢經常在公開場合戲稱自己要參加天下第一大黨「張田黨」，這也是「天下第一大黨」這個封號的由來。

張田黨的舅舅呂黨，名字裡同樣有一個「黨」字。從一般民俗觀點來說，後輩取名不可以與長輩重疊，意涵禮讓、尊重之意。但從小，家人就以「田長」稱呼張田黨，從來沒有人追究戶口名簿上寫什麼名字。過了好長一段時日，擔任警察職務的舅舅呂黨調回家鄉服務，在他進行戶口查察例行勤務時，拿到張田黨他家戶口名簿，一看之下才大吃一驚——原來這個小外甥居然跟他同名。但追根究底，其實是戶政人員一時失察才造成「甥舅同名」，這種情況著實無可奈何，只好跟舅舅說聲抱歉了。

張田黨出生的嘉義縣鹿草鄉，為嘉南平原上的典型小村鎮，重寮村老家四周舉目皆農作物，端坐家中，如果不是鄰村雞鳴狗吠，一整天下來，幾乎難得聽到其他聲音。反而農地如市集，日出而作、日沒而息的親友、鄰居都在田裡幹活，扯開嗓門東一句、西一句交換生活心得、農作情報，人聲鼎沸，熱鬧得很。這也是尋常鹿草鄉民的寫照。

張田黨的阿公張隆珠，育有四個兒子、一個女兒，食指浩繁。但他生財有道，又耕作、又養蜂、又從事牛車工，讓大家族食宿無虞。張田黨的父親排行老二，生性忠厚、不擅言詞，跟著長輩默默耕耘，謹守分際不逾矩，在兄弟中並不突出。按常情，長孫以外的孩子能得到家中長輩垂愛的，應該不多才對，但張田黨算是特例。

因爲阿公的一句話，張田黨的出生似乎給家族帶來好運，不但農作物豐收，蜂蜜收成量多，牛車工也應接不暇。阿公忙進忙出，埋首賺錢，養家活口之餘，也積攢了大筆錢，不斷購買田地，由辛苦的小農蛻變爲小康之家，家族氣氛爲之一變。也因此，張田黨變成了阿公張隆珠的「糖霜丸」（台語意思是很受寵）。

農家難得有閒暇時刻，偶有親友婚慶活動，才會停下終年不止的工作，享受難得的休憩。這時候，阿公會穿上最正式的衣服，攜帶最愛的家小出門，張田黨則是阿公最愛帶著到處走動的小孫子，儘管不是長孫，卻享有長孫的「特權」。

影響張田黨最深的阿公，在家族中權威帶領、指揮若定，家中從不出亂子，一切按照阿公的計畫，徐徐向前，即使事情繁雜，也不曾見過阿公發脾氣。在農業社會父權思維濃厚的時代，這樣的好性子十分罕見，直到現在，張田黨想到阿公的好脾氣還是覺得不可思議。張田黨認爲，不隨便使性子發脾氣，遇到事情不順利時，會好好思考如何解決問題，而不是用發脾氣來發洩，這可能也是阿公能夠成就一番事業的其中一個原因吧！受到這樣的啓發，張田黨也從不對兒孫輩疾言厲色，或動手打小孩。

或許是受到阿公薰陶，從小念書遇到問題，張田黨總會先想一想如何化解，再不行就找老師解答，敢想敢問，不會自暴自棄，所以他的成績不錯，頻獲師長嘉獎。但礙於經濟等等因素，張田黨與優秀學府嘉義中學失之交臂，無法繼續升學，成爲他掛記在心的憾事。

只是跟阿公猝逝相比，沒念嘉中實在是小事了。

原本阿公即將慶祝六十大壽，有天卻突如其來地摔倒，又罹患重感冒，接著就一病不起。對張田黨來說，這個狀況有如天塌下來一般，讓他難以接受，因而忍不住痛哭流涕。阿公無法帶領家族再往前衝刺，再多享幾年天倫之樂，實爲張田黨畢生的遺憾。

長大後，張田黨對自己名字感到很驕傲。除了從來沒有碰過同名同姓的人之外，許多人念了念他的名字，都覺得很有意思，也屢屢詢問他由來。每當有人相問，他都不厭其煩地據實以告，說自己可能命中注定與農地有關，一出生家裡就一塊接一塊購置田地，說來頗爲得意。而聽他自我介紹後，對方也都能馬上記住他的名字，且印象深刻。

後來，張田黨踏入社會，擔任民進黨台南縣黨部主委、黨中央組織部主任等等「黨職」，這樣的經歷更讓他覺得莫非冥冥中有安排？否則怎麼會那麼巧妙，一輩子跟政黨結緣。

二、人生首次獲獎——張田黨的童年生活

「第二名！喔耶！」張田黨贏得人生首獎，是小學二年級時因爲口齒清晰而代表班級參加國語演講比賽，雖然僅僅第二名，但對於生長在偏僻鄉村，成天與泥土打滾的小孩而言，這已是莫大光榮。而且這個獎項還是「國語演講」，在那個講台語犯天條的年代，那種「硬學」的情景，令人難忘。

但張田黨的成長，其實是撐過了一段辛苦的日子，才有機會站上演講台。而他的童年，得從他的父母說起。

台灣社會早年的婚姻都憑媒妁之言，男女彼此開始交往、熟識，過程猶如「瞎子摸象」，摸到哪認識到哪。張田黨的父母也差不多如此。而當年張田黨的外公甚至只一眼看見張家房子堂皇有規模，沒有破敗之象，就滿口答允提親，可以說是僅憑一棟房子的外觀就決定了這段婚姻。

在那個醫學與營養都不發達的年代，嬰兒早產、夭折的情況特別多。張田黨曾有一位大姊夭折，而張田黨自己也是早產兒，生來瘦巴巴體弱多病，家中沒人看好他活得下來。但老天垂愛，張田黨以堅強的生命力度過這個難關，他的母親全心哺乳，一

且乳汁不足，就自己用石磨子磨糙米，磨成細緻的粉末，再加熱茶水弄成粥狀的副食品餵他。鄉下地方都靠這個土方法餵飽嬰幼兒，畢竟喝牛乳、買奶粉，不是一般農村家庭負擔得起的費用。

母親一直餵母乳，直到張田黨五歲才停止，可能是因為長期喝母乳，有足夠的營養，才把他從難以養活的邊緣搶救回來。張田黨說，有一幕景象在他的腦海中，至今都還很鮮活，那是他四歲那年，有位阿姨過世，母親帶著他從鹿草到南靖奔喪。但走在半途中，他的肚子不爭氣地咕嚕咕嚕叫，母親於是在一家雜貨店解下包袱巾，半蹲著讓張田黨站立吸吮乳汁，過了好一會兒才重新上路。

一般常見的哺乳畫面，通常是母親環抱嬰兒在懷中的姿態居多。讓小孩站立仰著頭，湊向半蹲的母親胸前吸奶，恐怕十分罕見罕聞，尤其當時張田黨已經是近五歲的大孩子了。但母親惦念兒子早產瘦弱，因此堅持哺乳。回想這件事，張田黨至今依然十分感動。而那一天抵達過世阿姨的家中，母親嚎啕大哭，他也跟著跪哭，但恐怕沒人能想像眼前這位哭得如此淒慘的大孩子，才剛剛由母親哺過乳呢！

早年農村經濟普遍困頓，除了富裕家庭，很少有小孩能夠在學齡之前去念幼稚園，在食指浩繁的大家族中更是如此。所以，張田黨沒有上幼稚園，到了七、八歲才踏上人生的學習之旅。張田黨小學一、二年級的老師張添源，畢業於台南師範學校，教學十分紮實，養成了張田黨愛惜書本、喜歡上學的態度，求知慾大開，奠立好成績，每學期均能保持前五名。

「張田黨，你代表班級去參加國語演講比賽。」聽到張添源老師指派自己參加演講比賽時，張田黨整個人飄飄然的，因爲有機會站上大講台用國語演講，對一個小學生而言，是莫大的光榮。於是他利用時間用心練習，結果居然勇奪第二名，這個人生首獎對他是種肯定，代表只要努力就有收穫，更何況這不是他所熟悉的母語台語，捲舌不捲舌，還眞的要先想一下。

升上中、高年級後，三、四、五年級的老師施新發，讓他度過較爲輕鬆的小學生涯，也因此學習情況較停滯。但小學六年級的老師施興旺是升學班導師，他用力拴緊學生的發條要求課業，難得有喘息的時候。但也因此，張田黨的功課與學習態度終能接軌上來，成績因而大躍進。全班原本有卅多人，但在這樣的要求、淘選下，後來剩廿三人。學校要求在夏天五點、冬天六點到校，每個人都兢兢業業地求學。

「冬天很冷，口中哈出白煙、揉著睡眼，天空灰濛濛，讓人很不想離開溫暖的被窩。」爲了拚升學，張田黨和同班同學沒有體育課、音樂課，連升降旗都被免除參與，每天在學校就是上課、考試、背誦，成天只有上課讀書、下課尿尿。放學後，先回家吃晚飯，吃完飯再到老師家補習。升學主義逼使大家繃緊神經，深怕不用功就毀了美好前程。

師母見每位學生都面有菜色，在老師吃晚飯、大家等著上課前，都會拿出預先準備的包子、饅頭讓同學當點心，甚至泡人蔘茶讓大家補補元氣。其實這樣的愛心付出，和區區的補習費用相較之下根本不成比例，可見老師與師母都有著一股「恨鐵不成鋼」之氣，要把每位學生拉拔上來。

不斷地上課、補習，施興旺老師訂下每科考試不得低於九十五分的規定，少一分打一下手心。爲了讓程度好的學生再多一分努力，施老師在教鞭之外，也苦口婆心不斷鼓勵，雙管齊下，只要學生下回考試能多一分，他就會露出欣慰的笑容。

記得施老師有位姪兒也在班上，但態度懶散，有次模擬考時竟趴在桌上。施老師從教師辦公室望見，竟跳過窗檯，持竹掃把往姪兒雙手抽打下去。「啪」一聲驟然巨響，「哎喲」的慘叫也幾乎在同一時間響起，可見施老師打人力道之大、他的姪兒叫痛聲之響亮，讓所有人都嚇一大跳。那一聲巨響，猶在張田黨腦海中縈繞迄今。

「你會不會恨那位叔叔老師？」過了數十年，同學聚首話當年，但大家對施老師嚴格執教的態度都毫無恨意，反而感嘆時下這樣的良師已不多見。升學主義好不好？那是題外話，張田黨那班被操到剩下來的廿三人，後來在各個領域都有成就，沒有繼續升學而留在村內務農者，也都有很好的經營觀念。

張田黨的童年生活也有樂無窮的一面，讓他十分懷念。有一年暑假，他跟兩位同齡朋友熱衷釣青蛙。所謂釣青蛙，就是把大約手肘長度的細竹子一端削成尖尖的，方便插入稻田泥土中，另一端繫綁尼龍繩，在繩末綁釣鉤，上頭鉤著活生生的蚯蚓，置於稻田裡面，等青蛙前來覓食，往往青蛙張嘴一咬便當場上鉤。青蛙上鉤之後，因爲掙扎而劇烈地上下跳動，偶爾也會引來蛇的覬覦，蛇一張嘴吞食青蛙，結果也鉤在當場，釣青蛙變成釣蛇。

有天下午，張田黨等三名死黨搭竹筏，從嘉義鹿草橫渡八掌溪到對岸的台南縣後壁鄉菁寮村，滿心希望有個豐收的夜晚。三人忙碌到晚上九點，把釣青蛙的竹子布置好了才返程回鹿草。他們偷偷解開竹筏，拿了根短短的扁擔當木槳，想擺渡過溪，不料遇上深山下大雨，橫渡變爲順流而下，展開冒險之旅。

竹筏因扁擔太短使不上力，更要命的是溪水突然暴漲，本來還慢慢隨波逐流的竹筏，突然加速亂竄，三人死命地抓住竹筏，載浮載沉，就怕手一鬆，整個人掉入急流之中，嚇得臉色發青。後來總算命不該絕，竹筏在溪流中東闖西蕩撞上岸邊的蘆葦草堆，停了下來，三人才趕緊抓住蘆葦草攀爬上岸。

當年，各大重要河川都還沒有興建混凝土堤防，八掌溪的兩岸土堤隨時會因雨季洪汜而崩塌，雨季一過，溪流就改道，甘蔗田也從平原延伸入河床。三位剛剛冒險完的小孩上岸之後，就在甘蔗園裡猛吃甘蔗，塡飽肚子，然後抓出捕獲的青蛙，人手一隻青蛙比賽誰跳得遠，玩得不亦樂乎。直到清晨東方魚肚白，三人才鑽出甘蔗園，各自回到溫暖的家。

說也奇怪，在經濟貧弱的年代，小朋友只要懂得爲家裡拚經濟，大人似乎也不過問到哪裡玩，為何隔夜不歸營？只要安全返家，見到滿滿的收穫，大人眼神飄一下，小孩一溜煙躲遠遠，就相安無事。

不過，因為阿公不斷購置田地，家裡農地增多，家裡的小孩子寒、暑假都必須下田幫忙，這讓張田黨對放假頗有反感，因為放假就是要下田工作，不像部分同學可以留在家裡溫習功課或到處玩耍，但苦中作樂的趣事倒也有不少。

張田黨的家鄉多種植甘蔗，做為產製蔗糖的原料，一大片甘蔗園鑽入其中有如迷宮，是小孩子的快樂天堂。每回張田黨跟堂哥放牛，就把老牛繫綁在樹幹，兩人一入蔗園內，鐮刀一揮，砍下一根粗如小孩手臂的甘蔗，好好享受那甜滋滋的口感。冬天時，架起柴火燒烤甘蔗，再削去蔗皮，甘蔗飄出熱騰騰的白煙，散發香甜氣味，嘴巴咬下，細細咀嚼，美妙的汁液順著喉嚨滑入肚子裡，一股暢快之感油然升起。

「來呀！來抓呀！」早年甘蔗是管制的經濟作物，經由契作，是屬於糖廠所有的農作物，有員警專門取締偷採甘蔗，不管大人或小孩，只要偷採甘蔗都會遭取締罰款。但頑皮的小孩子才不吃這一套，勘查好逃跑路線後，就在員警或糖廠工作人員面前故意大肆吃起甘蔗，對方動身抓人，小孩子一溜煙拔腿就往嘉南大圳方向跑過去，待追兵快到了，一個縱身跳入水圳，游到對岸，再對著莫可奈何的警察或糖廠人員扮鬼臉，或叫囂謾罵，氣得對方跳腳。

然而再怎樣鬼靈精怪，難免還是有失手的時候，除了罰款，情節嚴重者還可能被抓進警察分局拘留。那時有人經常尾隨載蔗牛車偷偷抽取原料甘蔗，而爲了躲避取締到處藏匿，也曾發生意外，甚至有人因此遭牛車輾斃。但這些都難抵甘蔗的美味，也交織成那個難以忘懷的年代。

既然連吃甘蔗都不行，抓田鼠總可以吧！甘蔗園是田鼠最愛築巢的地方，每到採收甘蔗的時候，就是田鼠老巢的災難降臨之時。捕鼠前，先把田鼠可能竄逃的四通八達的地底洞穴用土方堵死，或派員持棍在洞穴邊等候，接著燃燒蔗葉柴火，讓煙薰入田鼠窩，受不了嗆鼻濃煙，田鼠四處遁逃，於是一隻隻落入預先布局的陷阱，逃入鐵籠子，或當場被敲昏過去。

現撈的大田鼠，宰殺後剖腹取出內臟，泡浸在滾燙的熱水中，除去皮毛，呈現出雪白肥胖的身軀，不管是燉成滋補的田鼠湯，清蒸成美味的田鼠肉，或快炒成一道嗆辣的下酒菜餚，都是十分可口的美食。在沒有什麼可以吃，又什麼都能吃的年代，一口咬下，肉味瀰漫口腔、沁人鼻肺，滋味之美妙，如今的山珍海味都難以比擬。尤其早年農村經濟普遍貧窮，一頓鼠肉不但是祭五臟廟的好機會，更被視爲滋補小孩發育的好物。而當年蔗園污染少，田鼠吃起來特別美味，讓人回味不已。這也是鹿草鄉迄今仍十分知名，有著長遠歷史的田鼠大餐的由來。

童年死黨林茂源，是張田黨的鄰居，也是同班同學，直到現在兩人還是很要好。小時候，入夜的天空一片烏漆抹黑，難得看到一盞明亮的燈，孤寂的夜裡，張田黨常常跑到林茂源家，窩同一條被子，天南地北扯個不停，非得眼皮沉重到撐不開，才在胡亂應答中沉沉睡去。他們也常因爲聊得太起勁而被大人斥責：「小孩子哪來那麼多話？半夜還不睡覺！」但因感覺很美好，從不覺得夜有多長、多寂寥。

只是玩歸玩，進入準備升學的階段，該拚的時候還是很拚。而且由於張田黨小學畢業成績不錯，校方預估他的資質可以考上嘉義中學，因此徵詢家人同意讓他參加嘉中考試。然而，家族中有人計較眾多姪孫輩有人沒念書，豈能獨厚一人？加上前往嘉義市上學要食宿、交通費，經濟問題也是一大考量，憧憬最終落空。

「無法到嘉義中學參加考試，念心目中的好學校，我足足哭了一天。」即使阿公疼惜有加，也仍要張田黨就近念水上初中，並借住在外公家中，省下可觀的花費。他的求學生涯也就在水上初中暫時畫下句點，直到多年以後才有機緣再度回到校園，補足高中、大學學歷。

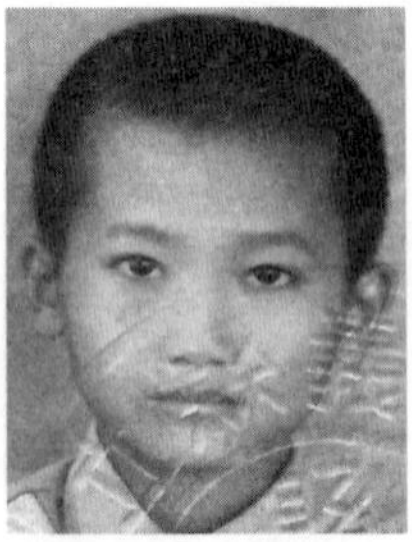
張田黨小學時期的大頭照，民國 51 年自國小畢業。

三、一家之主——阿公張隆珠

張田黨的阿公張隆珠頭腦靈活，因爲懂得多元經營，才沒有被窮困的農村社會給綁住。他從事農耕、牛犁工、載石炭和八掌溪沙、養蜂，利用環境複合式經營，讓他從祖傳九分農地的基業，能逐年增購三、四分農地，到張田黨念國小四年級時，家族已有四甲農地。雖不是大富，但已足夠讓大家族溫飽無虞。

阿公張隆珠世居嘉義縣鹿草鄉重寮村中寮五十一號，阿嬤張江翠是典型農村婦女，負責替大家族煮飯、照顧小孫子等等「後勤工作」，兩老共育有四男一女，依長幼順序排列，依序是大伯張齊家、張田黨的父親張金雲，三叔張嘉興、四叔張金全、姑姑張月英。四個兒子結婚成家都住在一起，胼手胝足打拚，繁衍枝葉，生了廿三位子女，大宅院白天空蕩蕩，晚上則人聲鼎沸，形同一個社區。

阿公從祖先手中分得九分農地，他沒有被貧瘠的農村社會打倒，有如大公司的CEO，帶領家族往前衝刺，率壯丁用心耕耘，在貧瘠的農地上開花結果，那股韌性直逼台灣牛精神，迄今仍讓家族大小懷念不已。

家族中男丁陸續成婚，爲了拚生計，除了耕種自家田地，阿公還指派閒散人力幫人手短缺的農家犁田、插秧、割稻，可以說家中沒有吃閒飯的人力，全部投入生產行列，也因此養得一家大大小小活力十足，沒有人餓肚子。

家中有牛隻、牛車等生產工具，除了自家使用之外，阿公也承攬糖廠農場載運甘蔗的工作，賺取工資。甘蔗採收結束，轉往隔壁台南縣白河鎮關子嶺仙草埔載運當地生產的石灰建材，行有餘力，再轉到八掌溪討生活，從溪底挖起溪沙建築材料，販售給商人蓋房子之用。幾乎牛車能載運的貨物全派上用場，既能多賺錢，也營造一家和樂融融的氣氛。由於工作一檔接一檔，沒有時間閒下來東家長、西家短，家族內也鮮少鬥嘴紛爭。

張家所在的嘉義縣，位處植物遍布的嘉南平原，也是採集蜂蜜的好地方，一年四季都能產蜜。二至四月採龍眼蜜，五至六月採春天花蜜，七至九月有雜花蜜，十至十二月有冬蜜。所以在勞力工作之外，阿公也投入養蜂副業，在嘉義縣與台南縣輪流採集蜂蜜，經營得相當成功。

由於蜂箱常寄放在台南縣白河鎮仙草埔親戚家的土地，阿公後來在親戚的仲介下，於仙草埔購買了數分土地，做為放置蜂箱的處所。但這筆土地在國民政府興建白河榮家時，莫名其妙被徵用，並未獲得分文補助或賠償。這筆土地也有待啓動轉型正義，討回公道。

當時家中經營批發、零售蜂蜜，現金流來流去，羨煞左鄰右舍。也因為家中的生意，張田黨的童年有無限量供應的蜂蜜，讓他隨時隨地都能嘗到甜蜜蜜的滋味，這麼奢侈的享受讓同儕羨慕不已。後來他也發現，因爲當時農藥的使用量微少，一年四季蜂蜜生產源源不絕，今昔對照之下，農藥究竟幫助農業或害了農業，實在令人深思。

由於阿公指揮男丁全年不分寒暑投入生產，即使一家大小加起來多達卅三人，依舊能食宿無缺，更有能力每年都購置三至四分農地，到了張田黨國小四年級時，家中農地已從九分增加到四甲，約成長三倍。阿公六十歲時，家中子女均已各自成家，事業也穩定，他也準備做六十大壽，同時籌備蓋新房屋，讓四個兒子分家產。

原本一切準備就緒，阿公滿心歡喜地要接受兒孫的祝福，但就在大壽籌備工作前夕，他不愼摔跤，又罹患重感冒。

以前鄉下地方，多半是隨便摘取草藥熬煮喝一喝，就能安然度過感冒期，但這一次卻不然。阿公病況非但沒有起色，反而一天天沉重。眼見情況不對，家人趕緊送阿公住院打點滴，但在短短十多天內，卻演變爲猛爆性肝炎，原本健碩的身體驟轉爲扁瘦虛弱，阿公一臉枯黃病容，躺臥病榻不久旋告回天乏術。張家如天塌下來一般，陷入愁雲慘霧，原本滿心歡喜準備一場喜事，想不到轉眼間成了悲劇。人世間無常，只能說造化弄人。

張家是尋常的農夫家庭，若要說阿公有什麼特殊之處，大概就是他爲人十分守信用，因此贏得各方敬重。早年，米穀交易並不像現今有電腦存檔紀錄，僅僅是口頭上約定價格、數量，但若交易時的市場價格已非當初議定的低價，阿公仍信守承諾，依當初允諾的低價販售，絕對不會趁機哄抬，讓糧商倍感窩心。

此外，阿公也跟每位台灣農民一樣，把稻米視爲第二生命，絕不輕易浪費，掉在桌上的米粒，一定一粒粒撿拾起來放入碗內，吃進肚裡。這種質樸無華、敬天地謙遜的態度，或許在有形無形之間庇蔭了後代，上百位子孫均有很好的成就。

四、後勤總司令——阿嬤張江翠

「阿嬤一起來吃飯，不然我就不吃了！」張田黨柔情呼喚阿嬤張江翠，即使阿公早已過世，她是家中唯一的長輩，但張江翠仍謹守男尊女卑不逾越的原則，吃飯時間一定讓家中男性先上桌，她最後才吃殘羹剩菜。

阿嬤是傳統舊時代的農家婦女，一切以丈夫爲中心。在阿公猝逝之後，她頓失依恃，鎮日嚎啕大哭，家中哭不夠，還跑到阿公墳前跪哭，足足有一年之久。平日，她打理大大小小的飲食起居，讓大家族無後顧之憂，毫無罣礙往前衝，她挑起的重責大任，堪比「後勤總司令」。

阿嬤的雙親在她童年時就過世了，她只得投靠家中兄長，這般孤女的命運注定較悲慘，在成人世界也特別不討好。她小小年紀，便要挺著稚嫩的身軀從事粗活，如挑水、劈柴等等，工作一不順遂，就換來兄長、兄嫂的白眼甚至辱罵。日子難過，淚水只能往肚裡吞。

正在成長的小孩子，飲食和營養的需求理當較多。阿嬤爲了多吃一點，就去田野間採集俗稱「豬母乳」的野菜充飢，長年以豬母乳止飢，導致她罹患慢性胃疾，但也養成她珍惜物力的態度，不敢浪費一粒米、一塊布，生活的儉樸程度，簡直到了令人心疼的地步。

對農家婦女而言，生兒育女與操持農務是並行不悖的兩件事，不像現代人講究「產假」、「育嬰假」的觀念。阿公阿嬤婚後生了四男一女，在阿公發憤圖強闖蕩事業的階段，因爲有阿嬤做有力的後盾，才能成就他的一番事業。所謂「成功的男性背後，一定有一位偉大的女性」，這句話放到哪一個時空、哪一段故事，似乎都是必要的條件。

張家育有四男一女，在男婚女嫁之後，四個家庭依然同住屋簷下，加上阿公與阿嬤，總共有十位大人，陸續生育小孩子共廿三人，組成了一個大家族。每天打理三餐就是一大工程，四名媳婦忙碌農務時，就靠阿嬤一雙手撐起了半邊天。

阿公健在時，家族事業蒸蒸日上，所有男丁與媳婦都要投入工作行列，家中煮飯、洗滌、照顧幼兒等等家事，全落在阿嬤一人身上。襁褓中的孫子，仍需餵食母乳，但媳婦一個個都在田裡操持農務，不可能放下鋤頭回家哺乳，於是阿公用扁擔與竹籃子，一次挑兩個幼孫，一路搖搖晃晃抵達田裡，呼喚媳婦寬衣餵食。這種「宅配哺乳」的方式，只能說太新奇，但這片刻，也讓老少暫時享受難得的休憩。

安頓幼孫之際，阿嬤也趁著空檔採摘甘藷葉等蔬菜，準備飯桌上的食材，利用時間張羅家中的柴米油鹽醬醋茶，讓一天工作辛勞的男丁與媳婦返家後就有一頓熱食，恢復體力，再投入生產行列。阿嬤日復一日、年復一年從不喊苦，她的堅持與善良，凝聚了家族向心力。

但阿公突然走了，阿嬤頓失精神支柱，難以適應，偶有不順遂之事，都用哭泣來發洩那份空虛。阿公死後一年內分家產，原本一家變四家，四位媳婦陸續生產，生養的孩子都超過六位。但照顧幼孫、烹煮四家餐點的工作，還是落在阿嬤肩上。

四個兒子住在同一村莊各角落，阿嬤輪流住，但不只是替奉養的兒子煮飯而已。她一個人從早上開始輪流跑四家的廚房，淘米下鍋、切菜快炒，手腳俐落得很。中午一到，四家的飯桌已端上熱騰騰的菜餚，擺好了碗筷，男女主人回到家稍事洗滌就可進食。這等功力直逼中央廚房，只不過阿嬤就是那個中央廚房的鍋鏟、柴火，動一動、變一變就有飯吃了。

等到男人吃完飯，阿嬤才上餐桌用餐。但是她不只在兒子家中繼續維持這個原則，直到上了年紀，到孫子張田黨家中吃飯也是如此，這惹得張田黨十分不高興。張田黨要求阿嬤一定要一起上餐桌吃飯，否則全家拒吃，阿嬤這才勉強擠到餐桌上，一起享用美味而完整的乾煎虱目魚，而不是剩頭、尾殘缺不全的魚。

「看著鹹魚，阿嬤就可以吃三碗飯。」張田黨形容阿嬤在困境中養成的節儉個性，捨不得吃魚吃肉。每次一起吃飯，夾菜給她，她就又夾回去，總要來來回回好幾次，沒吃到半口魚、肉，一碗飯已在夾菜之間吃完了。

每次難得添置新衣物，阿嬤更是如收藏寶物一般，放在櫥櫃裡經年不動，只偶爾打開來看看，滿足擁有新衣服的感覺就好，逢年過節還是舊衣上身。兒孫不禁問她為何不穿新衣服？阿嬤說：「萬一走了以後，就沒有人敢穿了。」原來阿嬤還盤算百年之後，這些新衣服要留給家中的親人穿用，如果平日拿來穿，就怕沒有人敢穿了。

但節儉過頭，讓她的身體逐日孱弱，冬天遇寒流來襲，連新棉被也吝於攤開來蓋，寧可瑟縮在舊棉被裡，跟冷空氣對抗。結果在她八十歲時遭遇一場大寒流，發生血管阻塞，擺在櫥櫃裡的新棉被還來不及拿出來蓋，就此往生，享年八十歲，比阿公多活廿年。

阿嬤出身孤女，成長過程乖舛艱辛，嫁入阿公家，也沒有好命過。秉持「妻以夫為貴」的原則，一路含辛茹苦撫養兒孫長大，即使有機會過好一點的日子，但似乎節儉慣了，最後竟然是因為少了一床厚棉被而往生。這份台灣阿嬤的精神，真叫兒孫懷念不已。

五、張田黨的父母、伯、叔、姑姑

張田黨的爸爸張金雲在家中排行老二，沒念書不識字，個性軟弱溫和，與世無爭，純務農更讓他顯得毫不出色。但他很節儉，身上攜帶一毛錢，一個月後一毛錢還在。也因個性使然，他對待孩子均和顏悅色，從不打罵，不曾嚴格管教，而代以苦口婆心的勸導。

張田黨從事社會運動時期，鄉人總會衝著張金雲戲稱：「你兒子快要被關了！」後來張田黨擔任民進黨台南縣黨部主委，鄉人也說：「怎麼不叫你兒子去當國民黨主委，比較好賺。」面對這些戲謔之言，張金雲往往一臉無奈，不過張田黨知道父親支持、尊重他的抉擇。比如阿扁總統屢屢被國民黨抨擊謾罵時，張金雲表現得義憤填膺，認爲國民黨批評無理，阿扁很無辜，鼓勵張田黨勇往直前。從類似的例子可以知道張金雲對兒子涉入政治的態度。

阿公分家產後，在他的四個兒子中，親戚們都不看好張田黨的父親，認爲他如此軟弱，恐怕無法養家活口。當時張金雲這一房分得田地不足一甲，但張金雲夫婦需養育五子一女，務農收入根本很難讓全家人溫飽，遑論讓孩子們升學。也因此，張田黨念初中時就被告知畢業後要去賺錢分攤家用。後來張田黨去當醫務助理，一個月賺一百五十元，寄一百廿元回家貼補家用，他的四個弟弟田埤、田圳、田泉、田謀也都一樣，早早就放棄學業，賺錢養家。

由於六個子女都能善盡協助家計的責任，張田黨的父親從原先不被看好，到最後卻是最成功、最幸福的一位。他共有十九位內、外孫子，分別從事不同領域，每人都有正當職業，很有面子，與其他叔伯相較之下，成就最好。晚年臥病榻時，兄弟出資共同分攤安養責任，並由四弟全天候陪伴，直到壽終正寢，享年八十四歲。

張田黨的母親張楊灼，出生於

張田黨的父親張金雲先生、母親張楊灼女士。

水上鄉大崙村呂家，她出生後沒多久，就被送給南靖村楊姓人家當養女。她一生沒有念過書，也不識字，是一位只懂得務農的一介農婦，但她很關愛子女。尤其張田黨因爲早產年幼體弱，爲了增強他的體魄，母親一直餵食母乳，補充他日常三餐營養的不足，直到五歲爲止。這份恩澤，讓張田黨銘感五內，永誌難忘。

張田黨的大伯張齊家，是阿公的得力助手，他有如阿公的影子，舉凡載運甘蔗、載石灰等等粗活，樣樣在行，能力不輸給阿公，很得信賴，也是家族中不可或缺的重要成員。

在張田黨的印象中，大伯沉默寡言，總是看到他埋首工作，從不廢話。在甘蔗採收的繁忙季節，大伯爲了爭取時間，乾脆住在糖廠的農場工寮，張田黨也因此常騎腳踏車幫他送菜，偶爾也跟著住在工寮，在那裡煮飯料理三餐。雖然是簡陋工寮，但感覺上很像住現代的度假小木屋，回想起那段時光，張田黨感到特別愉快。

此外，大伯也幫人代耕，獲得的工資十分優渥，在務農爲主的年代，大伯的工作能量，一人可抵二、三人，可以說是優質的農工。他的手藝也很好，善用竹子製作捕魚器具，農閒時，他就用自製的捕魚器具在溪流中捕獲大量的土虱魚、泥鰍、鱔魚、溪蝦，每次佳餚捧上桌，總讓人筷子停不下來。在缺乏營養的年代，他的巧手捕魚讓處於成長階段的小孩攝取了足夠的蛋白質，也留下了美好回味。

個性殷實的大伯總是熱誠待人不藏私，對待兒子與姪子們都很和氣，不分親疏，一視同仁。尤其面對唯一念書的姪子張田黨，他一再鼓勵要好好吸收知識，這份關懷讓張田黨銘記在心。不過，一如台灣樸實農民，有再多的關愛也不會掛在嘴邊，大伯只是默默地付出，卻大大挹注了家族的成長，眞正是家族的靈魂人物。

可惜，這樣的老好人卻沒有好運道。七十歲那一年，大伯在耕種中不愼遭利器割傷腳部，後來醫療不當導致破傷風，不幸過世。他的驟然辭世讓族親都很難接受，而當時張田黨因忙碌打拚事業，沒適時送上關懷，迄今仍感到十分內疚。當年寒冬夜裡，和大伯一起在農場工寮擁被而眠的往事，如今回想起來仍然歷歷在目。

張田黨的堂兄跟大伯個性很像，勤於農務，木訥寡言。比如說，每次張田黨跟他一起放牛餵草，別家小孩都把牛綁在河岸邊，就忙著游泳、焢地瓜窯，但堂哥都會把牛趕入甘蔗園旁的田埂，到那些別家牛隻不會去的地方，青草豐盛，讓牛隻吃飽才趕回家。雖然張田黨總是急著想走出蔗園，因爲裡面既燠熱又有蚊子，十分難受，不過堂哥都會平和地安撫張田黨，應該要等到牛隻肚子鼓鼓的，吃飽後再走出蔗園。

大伯與堂兄弟與生俱來一種「埋首苦幹、任勞任怨」的個性，讓大家族和樂相處，罕生口角或不愉快的風波，進而凝聚家族力量，打拚出一番成就。這個家族的特色可以說是「團結力量大」，讓張田黨深深體會到，只有大家心手相連，才可能產生相乘效果。

三叔張嘉興是兄弟中唯一念過書的人，因爲認識字，也懂算術，在家族事業中負責記帳工作。此外，嘉興叔也和大伯一樣，有一雙巧手，很會製作竹製品，包括竹簍子、雞籠、籮笆等等，都難不倒他。家裡缺少任何器具，他總能利用手邊材料編織或打造出來，省下了可觀的添購費用。

四叔張金全是兄弟中較爲叛逆的一位，不愛耕田播種等農務，但對於捕獵雜技十分在行。尤其在嘉義縣鹿草鄉，甘蔗園十分遼闊，田鼠橫行，爲了避免糟蹋農作物，各方捕鼠高手紛紛在甘蔗園大顯身手，也讓田鼠肉成了鹿草鄉的地方特產。不管是三杯鼠還是清燉鼠肉，美味遠近馳名，從早期農村部落一直到現在，都能吸引外縣市饕客前來品嘗。張金全當年就是捕田鼠的好手。

「田鼠在蔗園築起地下堡壘，四通八達，到處嚙啃甘蔗根部，一日不除，甘蔗難以收成，農民都恨得牙癢癢。」張田黨小時候就從大人口中知道田鼠爲害甚鉅，大人拿田鼠沒辦法，只能動用人力全面圍堵鼠穴，燃燒乾枯蔗葉產生濃煙，以煙薰法將老鼠逼出洞穴之外，持鋤頭棍棒將之活活打暈打死，爲蔗園除害。

但四叔張金全對於捕捉田鼠確實有一套，他常常一個人就搞定這種難纏的小動物。「他看地表上的足跡，就能掌握田鼠的動線，以及出入洞穴之所在，運用捕獸夾、持棍棒等方式，等候在洞口，手到擒來。」在張田黨的記憶中，只要甘蔗園開始動工採收，別人忙著砍甘蔗、捆甘蔗、搬甘蔗、運甘蔗，這些事情四叔都不在行。他比較懂得如何捕捉四處逃竄的田鼠，然後裝滿一個布袋，返家後將之區分爲一級、次級，一級的好貨出售給商家賺取外快，次級貨就留著宰殺，給成群嘴涎流滿地的姪孫輩解解饞。

不只捕鼠，四叔對獵鳥也很在行，幾乎地上爬的、天上飛的，都逃不過他的手掌心。在長年吃番薯飯，蛋白質比較缺乏的年代，四叔的好手藝，讓張家大大小小每一張嘴，時時都有好東西品嘗，彌補餐桌上的不足。

至於張家最大的副業——生產蜂蜜，也在四叔手中發揚光大。這個從阿公張隆珠開始的副業，是張家農閒時期最主要的收入，從嘉義縣到台南縣白河山區，都是張家蜂箱採集蜂蜜的場域，每年嘉、南兩地來來去去，爲張家帶來好收益。四叔不愛農務，但對四處採集蜂蜜特別喜愛，後來也發展成大宗的蜂蜜廠商，成了張家兄弟中唯一不靠農地生產的人。可惜他在五十多歲時，在台南柳營台一線載運蜂蜜途中，遭酒駕者撞擊，車禍重傷，送地方診所治療，但不久旋告不治。張田黨對四叔張金全擁有的特殊技藝印象深刻，對他驟遭橫禍則大感不捨。

張田黨的姑姑張月英於十八歲嫁人，在早期農村社會，人力加上人力，就是生產力，因此早婚司空見慣。但很難想像的是，張月英第二天歸寧之日，喜宴之後，還與兄嫂、弟媳到甘蔗園去鋤草，做好做滿才整裝回婆家。當時根本沒有什麼婚假、蜜月之類的概念，天天都需要勞動。

六、地瓜噩夢

「快說！你是誰家兒子？偷挖地瓜，就是小偷，到派出所去！」地瓜商人一臉蠻橫，不容說情，硬要將一干挖地瓜的小孩子報警處理。在大人、村長殷殷求情之下，結局雖沒送法辦，但十多位小孩脖子掛上成串的地瓜，一邊敲打鍋子遊街，一邊喊「我不敢了」，個個淚流滿面。躲在暗處、羞於出面的家長緊張得猛搓雙手，此情此景令人心酸。

「不要這樣啦！小孩子不懂事，有話好說嘛……」重寮村長清水伯低聲下氣幫小孩子說好話，向地瓜批發商人求情。「不行！不行！太多次了，這回一定要處理！」商人把十多位從地瓜田裡逮回來的小孩子全部趕到清水伯家中庭院，要清水伯主持公道。村長伯家中平日開班教村民四書五經，原本就人來人往，經此一攪動，村民一傳十、十傳百，擠滿前來看熱鬧的人。

民國四十年代後期，台灣經濟蕭條，農村沒幾家能溫飽。當時大戶人家有一種「宅心仁厚」關懷窮人家的方式，就是自家地瓜成熟之後，雇工犁田採收，牛犁翻掘田土，將埋在土壤裡的大小地瓜翻了出來，跟隨在後面的工人從地瓜藤上將地瓜摘下來，成堆堆放，再用麻布袋綑裝成一袋袋，用牛車載回家加工出售，而仍深埋在土地裡沒被翻出來的地瓜，就讓給窮苦人家去撿拾。

當然也有地主沒那麼慷慨，總會一遍、兩遍、三遍，來回梭巡地瓜田，肥水不落外人田，務必要每一粒地瓜都入袋。偶爾有地主將地瓜田批發給外地商人，省去雇工等等手續，讓商人自行採收，但也就容易發生誤會與憾事。

「那一年我念小學，村長家門前突然人聲鼎沸，很不尋常，好奇心驅使我前往圍觀，隨後那一幕，讓我永生難忘。」張田黨親眼目睹當年窮苦人家為生活逼迫而遭遇難堪的情景，這個景象不但深深烙印在他腦海，也讓他暗暗誓言，日後有機會一定要照顧窮苦人家。

最大十二歲、最小六歲的一群十多位小孩子，結伴在一處田裡摘採地瓜。「會不會被抓？」有人懷疑地瓜園可能尚未採收，有人出聲說不會啦！但正當眾人七嘴八舌之際，耳邊傳來如雷貫耳的斥責聲：「賊！賊！全部不准跑！」十多位小孩面面相覷，嚇得手軟腳軟，沒人敢動，全部凍結在地瓜田裡。

「這地瓜園已由我批購，就快雇工採收，你們豈可擅自採摘？」批發商人得理不饒人，揪著歲數最大的小孩厲聲怒罵，成群小孩頓時被當成了小毛賊，個個臉色鐵青，紛紛認錯，盼商人放過一馬。然而商人不但不加理睬，還斥令他們全部到村長家中，非要討個公道不可。

「村長伯，不要怪我無情，我購買這塊田地的地瓜，已經多次被偷，無論如何要有個賠償，不然通通送派出所！」商人請村長當公道伯居中仲裁，但清水伯一眼瞄過去，被逮到的十多位小孩子都是村裡面窮人家的小孩，不要說賠，連吃飯都成問題，哪來能力賠？

「都是窮人家小孩，您就大人大量，我來跟家長約束，一定叫他們以後都不敢亂挖地瓜。」村長幫著求情，但商人不肯鬆手，雙方僵在當場，只見圍觀村民愈來愈多，當中不乏當事人家長，但他們只能躲在暗處，焦慮地看著自家孩子被當成小偷，一來怕出面臉上無光，二來也是沒錢與商人談賠償，只能躲在暗處急得如熱鍋上的螞蟻，束手無策。

村長與商人相偕到屋內私下談，希望找出雙方都能接受的方法，讓事件趕緊落幕。最後協調出來的方法是：讓資方商人踩在窮人家的臉上，商人發洩完怒氣，就算賠償。

他們決定的方式是這樣的：讓十多位小孩子排列成行，將採摘來的地瓜用麻繩串成一圈，掛在每個人的脖子上，然後要他們拿來臉盆、鍋子、木棍，右手持小木棍，敲打左手的臉盆或鍋子，邊走邊喊：「我們去偷採地瓜，以後不敢了！」

一群小孩子敲鑼打鼓，從村長家中出發遊行，繞過村落內大小街巷，邊走邊喊自己是小偷。年紀小的還不懂事，自感好玩，嬉哈漫行，但年紀大的則是羞愧得無地自容，淚流滿面。最後遊行隊伍返回村長家中，事件總算平息，商人滿意離去，當事小孩個個掩面迅速離開現場。

一群小孩子爲了幫忙家計，偷採了幾粒地瓜，最後卻換來一輩子忘不了的被羞辱的回憶，這一幕讓張田黨永生難忘。即使事隔四、五十年之久，一切卻彷如昨日歷歷在目，每每回想起來，總備覺心酸。窮人家的和解方式，是那麼卑微，那麼不堪，那麼令人歎息！

七、少年張田黨的煩惱

張田黨於水上初中畢業後，原本心想參加嘉義聯考，上縣立中學，甚至讀全嘉義最好的嘉義高中，但因家裡經濟因素，他心中的期盼最終宣告落空。不過張田黨並沒有荒廢課業，尤其國文、數學等科目成績更佳，他不放棄扎穩根基，就盼哪一天重拾書本，可以立刻進入狀況，不被難倒。而此時，家裡的大人則是盤算著，讓這位腦筋清楚的大孩子出外闖蕩，爲家裡多掙些錢。

「田長，你姨丈在嘉義開設中藥房，門庭若市，現在這個行業十分熱門，可以去當學徒，習得一技之長。」老母親殷殷期待兒子早日有成就，但張田黨後來沒去成中藥房，反而轉到嘉義市「仁安堂」精神科診所，在醫師蔡陽輝手下當醫務助手，一腳跨進西醫領域。這個轉折，不但讓張田黨展開全新的生活，也讓他視野一開，成爲畢生關鍵的轉捩點。

「做人的成功與失敗，要看你爲人處事的方法對或不對。」蔡陽輝醫師初見面，就訓示助手們要好好學習待人接物之道，這樣的開場，深深映入張田黨的腦海中，成爲一輩子的教誨。蔡陽輝醫師的父親與兄弟也都是醫師，爲出身嘉義縣朴子鎭的醫生世家。他留學日本慶應大學，擁有精神科博士頭銜，接受的是現代化的醫療觀念，因此不同於傳統治療以粗糙的電療手段對待精神病患，普遍贏得病患家屬信賴。

「遇到生命中的貴人，是一件十分重要的事情。蔡醫師的爲人處事，對我的影響十分深遠。」張田黨從鹿草偏鄉到繁華的嘉義市區工作，沒有被亮麗的環境誘惑而迷失方向，也把未能升學的遺憾轉化爲一股動力，用心去學習醫院診所的作業，以及醫師對待病人的態度等等。這讓張田黨的生命有了昇華，不致虛耗。而他的認眞守分，蔡醫師也都看在眼裡。

「田黨，晚上麻煩你陪伴一下家裡的孩子。」蔡醫師雖育有三男五女，但結束繁忙的看診工作，又逢好萊塢電影強片上檔之際，他總會安排晚上去欣賞電影，放鬆一下身心。爲此，他找來最能信賴的張田黨到家裡來陪伴孩子。

當時，他的兩個兒子念台南一中住校，家中剩小兒子與三個女兒。「蔡醫師診所與住家分開，平日在診所應付繁瑣的診療業務，工作告一段落就下班回家休息。」通常只有少數助手才知道蔡醫師的作息，但張田黨因爲乖巧而備獲信賴，被叫來與女兒作陪。其中，蔡醫師念嘉義女中的二女兒與張田黨特別投緣，很聊得來，彼此印象都很好。

但另一方面，張田黨忠厚老實的表現，也引來其他人的注意。有一位林姓小兒科醫師，在嘉義縣梅山鄉開業，住家則在嘉義市區，與蔡醫師比鄰而居。張田黨因爲常來蔡家走動，跟林醫師一家久而久之變得熟稔起來。在蔡家幫忙的期間，林醫師家人看見張田黨勤快、守本分的表現，也爲張田黨敞開家門。

林醫師家庭的社經地位不在話下，育有三男三女。但在他的子女當中，有一位兒子罹患先天疾病，無法自理生活，必須長期依賴親人照料，成爲林家人心中的隱憂。張田黨質樸的模樣，深獲醫師娘喜愛，編織著招他爲女婿的美夢，希望日後把兒女都託付給他，如能按照安排，夫妻倆也才有頤養天年的機會。

「田黨，我有話跟你聊。」醫師娘終於找到適當時機，對張田黨說出心中的願望。但只見時年十七歲的張田黨漲紅著臉，囁嚅不敢應答，禁不起林家一再說項，張田黨才推稱要問一下父母。

少年張田黨壓根沒想過結婚，更遑論成家立業。想當年，他從鹿草偏鄉到嘉義市區工作，其實是帶著一股憤慨而來——因爲家族不支持他繼續升學，反而早早將他推入社會，完全與他年少時的想望有著巨大落差。那個不能實現的夢想，於夜闌人靜時回想起來，仍難免暗暗生氣。而如今又突然一個拐彎，似乎要把他的人生再度縮短……

「來坐啦！歹勢！庄腳所在……」張田黨的雙親正熱情招呼著眼前衣著光鮮、來自都市的林醫師夫妻。之前田黨返家休假時，已提起有位先生娘很中意他，準備挑爲女婿，家裡著實大大高興了一陣子，但沒想到這件事情眞的發生，讓他的雙親不禁揉揉雙眼，確認眼前這對貴氣的夫婦是眞是假。這天中午，張家還特地到廟前的食堂叫了一桌上等料理，款待可能的「未來親家」。

「我看田黨這小孩很實在，看來肯上進又能負責任。」先生娘先開口，「無啦！無啦！恁嘸甘嫌，田黨個性就是太木訥。」母親接腔客套起來，雙方有一搭、沒一搭的在餐桌上一來一往，沒有交集。林醫師見狀，決定打破僵局、單刀直入挑明說：「我家有一個兒子罹患唐氏症，一輩子需要照顧，如果你們不嫌棄，願意把兒子當家人，我們就來談親事。」

林醫師這趟下鄉之行，已經決定一旦親事可以談成，新婚家庭的房子非但不成問題，就連林家在嘉義山區購置的十多甲山坡地，也將一併過繼給張田黨，讓年輕人自己決定耕種或開發。這門親事對鹿草族親而言，簡直是天上掉下來的好運，無不希望張田黨一口答應下來，讓大家一起嘗嘗飛黃騰達的滋味。

家人與族親沉浸在可能攀附富貴的喜悅之中，只有張田黨眉頭一皺，走出家門仰天而嘆——因爲此刻，他的心裡有另一個影子浮上來。近兩年來，每逢蔡醫師夫婦外出，張田黨成了伴讀書僮，已悄悄戀上蔡醫師的二女兒。這個念嘉女的女孩長相清秀、雙眼清澈明亮，跟張田黨年齡相仿，兩人特別有話聊，張田黨小學生涯經歷的種種，對成長在都市家庭的小女孩有如童話故事《湯姆歷險記》那般刺激有趣，每天纏著張田黨談過往，聽得很入神。

張田黨每每望著她清亮的大眼睛，整個人爲之融化，寄人籬下的不愉快，思鄉思親的心情，通通都抛置腦後。傾心之餘，他也不禁動念邀她一起看電影、喝飲料，女孩爽快答應，兩人瞞著蔡家大人偷偷交往，一如熱戀中的青少年男女互吐衷情，一切是那麼美好。

但林家中途殺出提親之舉，讓張田黨措手不及，整個心思惦記著蔡家二女兒，根本無法抽離出來連結其他女孩子。林家提出的龐大山坡地家產，更不在他考慮之列。他朝思暮想的，就是蔡家二女兒以及那份純純的愛，哪裡容得下提親、山坡地等世俗之事。

「要娶你們去，我才不要！」張田黨面對家人迫切的眼神，一股厭煩感翻湧上來，嗆聲拒絕親事。「田長，林醫師那門親事，人家那麼誠意，雖然要幫忙照顧他兒子，但依我們務農出身，也是高攀，你就答應吧！」家人不斷勸進，但他們不了解此刻張田黨沉重的心情，背著傾心的女孩去談親事，讓他多麼難以接受啊！

「不可能就是不可能！」張田黨吃了秤砣鐵了心，讓家人徹底斷念，而返回蔡家當伴讀時，他也對女孩吐露衷情。愛情就在明暗交錯下進行，讓張田黨彷彿吃了迷幻藥，時而騰空時而墜地，備受折磨。

但他才十七歲，不僅還沒當兵，事業、愛情，一切都還懸在半空中。再說，張田黨想一想出身、家庭景況，甚至自己僅僅初中畢業的學歷，但女孩可預見嘉女初三畢業後將直升高中部，兩人的發展，可以說只會愈拉愈遠，未來前景渺不可測。經過反覆思考之後，張田黨領悟到與蔡家二女兒之間也是一件不可能的事情，於是痛下決定，選擇漸漸疏遠。

倒是女孩鼓勵他要上進、繼續升學。張田黨牢牢記著，利用時間準備參加高中聯考。他心想，總是要精進自己，才可能在未來把失去的一切補回來。但當下距離那一年的聯考只剩半年時間，張田黨於是把舊書本全部帶在身邊，下班就抱書本，猛記猛背。

那年夏天，蔡陽輝醫師朋友的兒子，因爲先前在蔡醫師家中與張田黨相識，他於是好心幫張田黨報考北部八所省立中學的聯招，並且願意陪著他北上考試，還主動協助張羅食宿。考試前夕，張田黨從嘉義搭火車動身前往台北，這是他生平首次離鄉北上前往繁華大都會，爲此，他興奮得好幾夜沒睡好。直到啓程當天，搭上平快車，他一站站飛快往北奔馳，車窗外的景象一幕幕迅速後退，這樣的初體驗讓他倍感新奇。

到了中午時刻，他在平快車上買了一個廿五元新台幣的台鐵便當，打開便當盒，撲鼻而來的是米飯香和排骨肉香，他不禁把臉湊上去，用力深深吸了一口氣，恨不得把所有味道鎖起來帶回家。他趕緊動筷子挖起米飯送入口中，顆粒分明、Q彈的口感，不用搭配排骨或酸菜就能下肚。如果說人生有什麼難忘的滋味，這平生第一個台鐵便當，眞叫他無法忘懷。

當晚，張田黨投宿在蔡醫師台北友人家中，現代化的裝潢陳設，與鄉下農舍相較之下，宛如兩個世界。入夜後的台北，街頭霓虹燈閃爍，車輛川流不息，跟南部夜幕傳來蟲鳴蛙叫的景象，天差地別。走在台北街頭，張田黨有如劉姥姥進大觀園，每一樣都很新奇，可惜這一趟是「上京赴考」，張田黨只能匆匆一瞥，就趕緊埋首複習書本。

考試終於結束，但只用六個月時間準備，顯然倉促不足。張田黨落榜了，希望落空，頗爲悵然。於是他退而求其次，想在台北讀附中夜校，但前提是他得找到打零工賺錢的機會，否則依務農家族的經濟能力，是不可能應付他留在北部念書的沉重負擔。張田黨找嫁到台北的阿姨想辦法，然而當時超商一類的工作機會還沒有出現，要找打工談何容易。再加上他未滿十八歲，又還沒當兵，就連最粗重的工廠工作，老闆也不敢聘雇他。

四處碰壁，留在台北邊工作邊念書，最終還是成了他的未竟之願。本來想在這個繁華大都會打拚，哪一天功成名就，或許可以翻轉在嘉義那個小地方沒辦法兌現的夢想，比如衣錦還鄉，與朝思暮想的蔡家女兒有情人終成眷屬，以喜劇圓滿落幕，人生豈不皆大歡喜？不過，當他搭上返鄉普通車的那一刻，一切又都回到原點。

因爲考試失利，張田黨顯得鬱鬱寡歡，看在蔡醫師的眼中，自是了解這位乖巧的醫務助手在想什麼，於是蔡醫師鼓勵他去就讀醫藥相關的嘉南藥理專科學校。由於當時學校甫創辦，獨立招生門檻較低，蔡醫師希望他念相關科系，也有助於未來事業。然而卡在高學費的關卡，希望還是落空。

回顧自己求學路上一波三折，最大的難題就是缺錢。因爲張田黨本身沒有經濟基礎，家庭也不可能供應他學費，也才因而衍生出林醫師與太太嫁女兒附帶照顧兒子的婚約故事。按常情，一般人十有八九會接受，但他的心已另有所屬，也憧憬自由戀愛的婚姻，因而不了了之。但林醫師一家人視張田黨如己出，婚約一事告吹，還是讓張田黨迄今猶感過意不去。

至於蔡家二女兒，則是張田黨這輩子的初戀，一起看書、看電影、喝飲料，兩人世界的甜美滋味，好像夏天的冰淇淋、冬天的太陽，憶起相處的每個片段，有如嘗到牛乳糖蜜般。但是人生沒有不散的宴席，到了該分手的時刻，兩人相約碰見，雙手接觸的剎那間，淚水奪眶而出，此時無聲勝有聲。

念書？娶某？年方十七的張田黨，年紀輕輕就面臨到人生的抉擇，既苦惱家境不允許，無法自力繼續向學，又不願意有條件娶醫生的女兒，還附帶十多甲山坡地的誘人嫁妝。其實只要他答應了，念書根本不是問題，但他左思右想，怎樣都無法找到完滿的答案，於是張田黨決定跳脫惱人的環境，等服完兵役再說。

八、真愛在白河

在診所兩年期間，張田黨學習了很多醫藥實務常識，人生閱歷也增長，有如打開另一扇窗，看見不一樣的風景。也因張田黨個性篤實獲得賞識，在這個人生轉捩點頻頻加分，不但滋養了他貧瘠的心靈，也刻畫出未來願景，在成長歲月中，一步步提升，往正向坦途前進。

當年，張田黨一心一意想念書，和心目中的情人廝守，也曾有機會成爲富家女婿，如果其中有一項實現，張田黨的人生將重新改寫。然而冥冥中似有定數，揮別嘉義兩年醫務助手的生涯，回到鹿草老家，環視周遭景物，似熟悉又顯陌生，這時候的張田黨不再是懵懂少年，家鄉已難以滿足他飛躍的心靈。

「我要成功，不能死守老家。」張田黨立誓改造自我、改善家園，於是著手整理兩年來與嘉義各家診所醫務助手往來的工作心得。在嘉義兩年的時間，張田黨沒有白費，除了投注在蔡醫師的精神科診所外，也因工作需要，與內科、外科、小兒科等等科別的醫院診所醫務助手相當熟稔，並且組織了聯誼會，彼此交換工作心得，同時也將醫師處方箋拿出來交流，熟悉病患投藥的類別。

「當時認識的醫務助手，日後成就都不錯。」張田黨說，當時的助手中，有人與醫生合開診所，有人用心培養出醫生兒子，更有人賺錢買了藥廠，也有人深造念藥劑系，成了正牌藥劑師，開起連鎖藥局。張田黨則是選擇報名中醫師考試補習，花了五年時間，可惜後來只通過檢定考及格。雖然有人透露「捷徑」，只要花三百萬元就能搞定，但三百萬元談何容易。

「同期考生之中，有位校長參加檢定考試，居然國文沒通過。」張田黨說，這位校長很不服氣去考試院複查，但得到的答案是：「文章如範本，顯爲死背照抄而來。」反而是張田黨以「中華民族五千年文化，中醫之術讓中華民族身體健康」立論寫作，獲得及格，贏過這位中文系畢業的國中校長。

另有一段插曲是：有三位住新營的補習班同學，以兩百萬元購買中醫師試題，考試前三天拿到試卷，先付了一百萬元，約定待通過考試後再付一百萬元餘款，可惜三人均名落孫山，氣得不肯付尾款而鬧出糾紛，導致東窗事發，三人均被判刑數個月。後來調查結果稱，考試院一名工友偷拿試卷，從闈場旁邊的排水溝放流出來，因而發生此一弊案。此外，當年也盛傳有辦法的權貴占了錄取名額的一半以上，完全不公平，因此張田黨最終決定放棄中醫師考試。

服兵役之前，除了利用時間補習中醫師考試外，張田黨也靠著當醫務助手兩年彙集而來的心血結晶，離鄉背井到台南縣白河鎮打天下。這一趟收穫很大，他認識了結髮妻子鄒宜瑾，並就此落地生根，也奠立了後來從事愛心事業「蓮心園」的基礎。

「聽聞有位鹿草鄉親在白河鎮從事民間醫護，我抱著試試看的心情前往看看，後來想在廣安里租房子落腳下來，沒想到租屋碰壁。」但回想起這段離鄉背井的租屋過程，卻讓張田黨不禁感到命運自有安排。他原先相中鄒姓人家的房宅，希望分租一個房間，但鄒家女主人不肯。張田黨於是試著每天於白河、鹿草之間通車往返，但終究不堪奔波。期間輾轉透過他人介紹，還是不得其門而入。

有一天中午，廣安里大街上突然人聲鼎沸，原來是有一輛牛車因爲趕時間，於奔馳時發生意外，整輛牛車掉入路邊的小池塘翻了過去，牛隻受驚，睜著一雙牛眼瞪人，牛車支離破碎，載運的稻穀也散了一地，一片狼籍，情景直逼現今的貨車翻覆，吸引大批人圍觀。恰好鄒家男主人（也是張田黨未來的丈人）也聞聲前來觀看，擠在人群中的張田黨眼尖瞧見，於是把握機會接近搭訕，兩人聊得起勁，話題自然轉到租屋一事，結果一拍即合，張田黨終於順利租到房間，總算在白河有了安頓的處所。

但沒想到，一場牛車翻覆意外，不但促成了租屋，更間接造就了一段姻緣。屋主的女兒鄒宜瑾見這位來自鄰近縣市的青年，每天不分晝夜忙碌不已，遇罹病村人總是輕聲細語問候，了解詳細原因，待人處事圓融有禮，兩人從相視點頭而笑，到相約找時間長聊，愛情悄悄滋長開來，一段好姻緣漸漸成形。

「早期台灣醫療不發達，偏僻鄉村根本缺乏醫療設施，靠成藥或民俗療法治病，十分可悲。」張田黨說，其實早年散落在各村里的民間醫護（被世俗地稱爲密醫），在當時醫療環境不佳，《醫師法》、《藥師法》等法令皆不完備的情況下，擔起第一線醫療工作，絕大多數能善盡本分，守護偏鄉民眾的健康，在第一時間「對症下藥」，發揮黃金救援的功能。否則，以小孩發燒、半夜發病等等急症，若沒有這些「先發」擋一擋病情，在當年尚無健保醫療網的情況下，除了經濟恐怕負擔不起之外，要從交通不便的鄉下前往市區大醫院，就是一大挑戰。一旦病情拖延未能獲得及時救治，輕症恐怕也變成重症。事實上，民間醫護單位遇到重症病患，在後送大醫院之前，也會先代爲抽血、採集大小便送往檢驗，再依據病況轉請大醫院治療。

大醫院的掛號收費，一次約莫在六十元至一百元之間，這對於升斗小民而言是筆龐大的負擔。也因此，民間普遍有句戲謔語說「沒錢可生病」，指的就是醫療費用所費不貲，非必要不隨便上醫院。反觀鄉下醫護每次收費約八元到十元之間，相對便宜，民眾接受的程度就高許多。

相對於早年交通不便、醫療技術不成熟、醫療費用昂貴的情況，如今台灣醫療已經發達，又有連外國人都稱羨的健保，法令完備，且大型醫療院所都有自家小型巴士，視病患需求直接開抵偏鄉接送載運，解決了交通問題，又讓看病的便利性邁進一大步。在這樣的狀況下，民間醫護的行爲已大大減少，幾乎趨近於零，只是當年若沒有這些「先發尖兵」，又該如何銜接起那一段長時間的醫療空窗期呢？

九、陸一特三年兵役

「那個兵慢吞吞，出列！伏地挺身預備……」張田黨在新兵訓練中心，被先天僵直性脊椎炎拖累。他的運動協調性差，每次出操總成為長官的眼中釘，又是繞著隊伍跑，又是體能訓練，被整得不成人形。幸好遇上待他不錯的教育班長，勉強度過新訓中心辛苦的三個月。

因為早產的緣故，張田黨先天體質孱弱，而他當兵的籤運又特別差，居然抽中陸一特三年役期，不禁暗暗叫苦。他進入新兵訓練中心第一個月，就因不斷行軍出操，雙腳腫脹疼痛而寸步難行。雖然被送到醫務室做簡單治療，但醫務兵只是以棉花沾酒精擦拭腫脹處就算是治療過了，張田黨依然被命令扛槍入列出操。

張田黨好不容易熬到懇親會，家人見他走路一瘸一瘸，撩起褲腳才發現他雙腿肚紅腫，向軍方請假獲准，由家人陪同前往醫院打針、吃藥，症狀才趨緩。

就這樣吃足苦頭，張田黨終於撐過了三個月，抽籤分發部隊的時刻到來。當年國共對峙，情勢緊張，所有新兵都祈禱不要抽到所謂「金馬獎」的外島金門、馬祖。

「跟我要好的一位嘉義縣梅山鄉同梯弟兄，他父親與軍方有交情，有辦法避開金門、馬祖外島。」張田黨說，一開始兩人順利抽中北軍團的籤，正高興可以三年當兵都在一起，不料抵達北軍團後，卻又再抽一次籤，梅山同梯去了台中谷關，他則被分發到台中清泉崗高砲連。

難得的革命情感硬生生被切斷，從北軍團被分發前往部隊前，張田黨與梅山同梯不禁抱頭痛哭，這段往事至今令他懷念不已。因爲服兵役一起受訓，最容易培養出患難交情，有人交往就是一輩子。不過兩人自北軍團分開之後，就沒有再碰面，張田黨很期待有重逢的一天。

「我被分發到台中清泉崗機場，屬於機場高砲連，看守四〇砲，是地對空的高射砲，廿四小時待命，空軍負責指揮下達命令。」張田黨下部隊守砲陣地，初期尙感新鮮，心想如果眞能擊落一架來犯敵機，那可眞威風。不過，實際情形卻讓他對軍中的風氣大感沮喪。

高射砲的陣地營造工程，按常理應該發包由廠商施作，以專家的工法打造出固若金湯的堡壘才對。但這座攸關士兵作戰士氣、國家安危的軍事設施，卻是由營長私自叫阿兵哥營造，以省下經費。

「結果，連長住家的廚房與砲陣地工程同一時間開工，混凝土原料卻大多支援連長的廚房工程。」原來經費預算編有混凝土，也眞的採購了水泥、碎石並運抵營區，但多數是被搬到連長家中，用砲陣地的建材蓋起廚房來了。這種狀況讓張田黨爲之傻眼。

至於砲陣地工程所需的碎石，連長則是叫阿兵哥遍尋營區周遭的石塊充當建築陣地的石材，再混搭少許的水泥，勉強搭蓋起砲陣地的模樣。事實上，用石塊搭建起來的外觀，看起來也確實很像標準的砲陣地，因爲四〇高射砲就架在上面，只是這種單薄的砲陣地禁得起砲襲或飛機子彈掃射嗎？似乎也沒人管那麼多。營長、連長照樣威嚴地站在阿兵哥隊伍前面，臉不紅氣不喘地訓示「反共復國」。

張田黨又回想起：「一包水泥五十公斤，普通士兵扛一包就很吃力了，有人還故意捉弄體力較差的弟兄，扛起之後追加一包，甚至兩包。」軍中這種比蠻力的風氣，讓患有僵直性脊椎炎的張田黨十分吃虧。甚至有一次，他已吃力地扛起一包水泥，正準備邁開步伐走向前時，有一位體格魁梧的弟兄竟猛地抱起兩包水泥追加上去，張田黨腿一軟，將水泥回丟過去，對方一怒，竟持十字鎬追殺過來！幸而士官長居中攔阻下來，才沒有釀成人命傷亡。

因爲弟兄彼此捉弄而差點引發械鬥風波，事件傳開來，頂頭上司派員查察，團長、營長等長官都受到記過議處。然而，比起荷包滿滿，被記一支過實在不算什麼。大小工程施作均烏煙瘴氣，風聞相關長官至少賺了一棟樓房。

大家都怕抽中金門、馬祖外島的籤，沒有抽中、逃過一劫的人，大多雀躍不已。但其實軍方各個師、團均固定時間輪調外島。在本島實施整訓之後，就移往外島，外島師、團則移返台灣本島下基地整訓，一來一往，交互輪替駐守外島。因此，暫時避過外島籤，也不見得二至三年的役期就一定都能待在台灣本島。

果然，張田黨在台中清泉崗待不久，該來的還是來了，部隊移地到小金門，比金門更接近中國大陸沿海。

「小金門是戰地，可是我們高砲連居然連一發砲彈也沒發射過。」對於自己毫無砲戰經驗，卻要直接面對眼睛看得見的敵人陣地，張田黨十分想不通。在高砲連當兵的日子，每天的勤務就是站衛兵，打理三餐，同袍輪流採買、煮飯，日子過得很閒散，與高射砲勤務有關的就只有擦拭砲管，把砲管外表擦拭得晶亮，乍看有模有樣，但實際的射擊是怎麼一回事，沒人知道。

政府宣傳中，令人民咬牙切齒的萬惡共匪，原本只在書裡面看過提過，但萬萬沒想到有那麼一天，會因爲突然被移到前線戰地而近在咫尺，張田黨不由得打了個冷顫。他又想到，身邊每位袍澤幾乎都沒有打過砲戰的經驗，實在無法想像一旦敵軍來襲，當下該如何處置？但回頭一想，大家機會均等，是福不是禍，是禍躲不過。在這種消極思維之下，久而久之也就痲痺了，反正船到橋頭自然直，「無米再來煮番薯湯」，他阿Q地想著。

小金門服役據點旁邊是通訊排，排上全部是大專聯考的落榜生。在勤務時間外，每個人都抱著一本書猛記猛背，把前線當成了K書中心，準備退伍之後再衝刺聯考。

在這種風氣之下，張田黨念書的興致也跟著高漲起來，加入K書行列。他跟袍澤借高中教科書，國文課本一個晚上背一課，居然一整本背得滾瓜爛熟。英文、數學不懂的地方，則就近請教同袍。就這樣，張田黨把前線戰地當成補習班，善用時間，陸續念完了高中三年的課本。

張田黨原本十分排斥移防到外島，沒想到命運爲他安排了小確幸。當年初中未能升高中的這份遺憾，竟然在距離「萬惡共匪」只有一水之隔的小金門完成心願。幸好共匪沒來攪局，通訊排的落榜生也很熱心指導，加上張田黨求知若渴，學業突飛猛進，使這趟外島當兵有了不小的收穫。

在小金門駐守的一年時間，按照軍方作業應該換防，回到本島。隨著時間接近，阿兵哥個個引頸期待回到

民國59年，張田黨於小金門當兵時留影。

本島的那天。不料事與願違，軍方莫名其妙的事情多如牛毛，居然決定屆期按兵不動，不但整個部隊士官兵心情浮動，連長官也按捺不住，甚至鼓動基層士官兵向長官抗議。然而軍令如山，再多的怨氣也要吞下肚子，所有人乖乖再待下去，總共待了兩年。

沒得換防，前線官兵情緒大受影響。有次國防部一位將官到砲陣地巡視，全員列陣以待，這位將軍脫口問：「你們吃得飽嗎？」一連問了三次，大家面面相覷，不知如何回答。沒想到班長要張田黨代表答覆長官，他正想著將軍巡視，不是應該看砲操嗎？怎麼管到肚子來了？愈想愈氣，他於是起身回答：「你身爲國防部將官，怎不知道士官兵有沒有吃飽呢？」這一回嗆，讓這位將官臉色鐵青，轉身頭也不回上車走人。

過沒多久，連上布告欄張貼連長被記大過的公文，議處理由表面上與管理鬆散有關，但張田黨的回嗆當然是主因。加上連上對頭髮檢查十分嚴格，張田黨認爲很不合理，氣得理了個大光頭抗議，被長官發現，使得連長遭記警告議處。連長也爲此視張田黨如眼中釘。

十、士官長與我

「貪小便宜的人，讓我很瞧不起。」張田黨天性守本分、少計較，特別討厭貪心討便宜的人。偏偏服役時碰上這種長官，心裡氣憤之餘，常常在言行方面頂撞，惹出許多驚心動魄的事件。幸好張田黨遇上待他如親人的士官長雷邦傑，屢屢挺身迴護，張田黨才能每每化險爲夷。

「一包香菸一天假」，天底下竟有這樣的好事。那是發生在四、五十年前的軍中。張田黨發現部分同袍遞假條特別順利，屢獲連長批准，但換他請假就碰壁。張田黨仔細觀察原因出在哪裡，才發覺原來同袍遞假單時，都會掏出預先準備的香菸和假單一併奉上，無往不利。張田黨不擅於這一套，打從心底厭惡這種貪小便宜的長官。

「張田黨，你的褲子怎麼改得那麼緊身？耍太保呀！」有一天，連長眼尖發覺他穿的軍服相當合身，嗆嗆呼呼抓小辮子就要發作。「報告連長，那是陳鳳鳴幫忙改的，他也穿得很合身啊！」張田黨照實回答，這才堵住連長的嘴巴。

張田黨提到的陳鳳鳴，原來是從事西服裁縫的同袍，他的手藝很好，發下來的軍服稍加修改，穿起來就筆挺合身。張田黨請他幫忙修改軍服，惹來連長計較，但連長聽到陳姓同袍就閉嘴，其實有段小內幕。

原來這位連長與來自台南的陳姓同袍交好，是因爲他從身家背景紀錄發現陳某爲裁縫師傅，專長爲縫製西裝，才私底下不斷示好，並趁機要求陳某幫忙量身訂做一套西裝。陳某滿口答允，也順便利用這層特殊關係，曾經連續休假兩個星期未歸營，關係好到令同袍眼紅。後來部隊從外島移防本島後，連長更是不客氣地登門請陳某訂做一套免費西裝。

「一個願打一個願挨，沒有置喙餘地，但是利用職務關係則令人不齒。」張田黨對軍中長官特別愛耍特權、作威作福的醜態，十分看不慣，也惹得連長動輒以「頂撞、反抗權威」扣帽子。但幸好張田黨當過醫務助手的經歷，適時化解了危難。

「士官長，你的血壓偏高，飲食要注意不要太重口味，稍稍改善飲食內容就能控制血壓。」張田黨誠懇地勸導患有高血壓的士官長雷邦傑。原來雷士官長血壓偏高，在外島沒有妥善的藥物控制，只能隨時隨地量血壓，一有狀況就休息。正好張田黨當過醫務助手，量血壓自然十分在行，贏取士官長的信賴，這層醫病關係緊緊繫住兩人，讓張田黨有如穿了金鐘罩。

發生修改軍褲的風波後，連長瞪大眼睛、扯開喉嚨就要開罵。但士官長冷不防現身，指著連長鼻子就是一頓臭罵：「不要見了豬肉就垂涎，一臉貪相！」遭士官長斥責後，連長才悻悻然轉身離開，讓張田黨躲過一場風暴。

「孑然一身的老士官長，很照顧充員兵。」張田黨心目中的雷邦傑是個把台灣充員兵視如己出的典型外省籍士官長。士官長平常會在營區空地上養雞，自己買米餵食雞隻，每逢節慶日，就宰殺雞隻給連上士兵加菜，讓士兵筷子動不停，吃得大呼過癮。

也因爲早年軍中伙食不算好，平常日子裡，只要雷邦傑心血來潮，就會吆喝加菜，分配排長出五百元、班長一百元、阿兵哥十元，士官長有如父兄，一言九鼎，大家紛紛掏錢集資，派公差到市區採購金門當地漁特產黃魚、馬加魚，以及打牙祭最不能少的金門牛肉。在廚房伙伕用心料理之下，一道道美味可口的佳餚端上桌，讓士官兵大快朵頤，美食下肚，撫慰了外島服役的寂寞心靈，更加凝聚士氣。

「士官長用性命挺自己人，那份情義可感。」張田黨說，有一次他帶了部隊飼養的狼犬，執行衛兵勤務，狼犬發現道路前方有人影，狂吠不已，惹毛了路過高砲陣地的陸軍士兵。一群人衝過來叫囂，高砲人員也出面理論，雙方愈吼愈火，氣氛劍拔弩張，大有拔槍對幹的味道。此時雷邦傑挺身而出，振振有詞地指摘陸軍士兵，他長相凶惡，聲如洪鐘，叫囂士兵氣焰頓時消退大半，終於知難而退，不費力氣退敵，更加贏來弟兄敬重。

終於盼到部隊移防返回台灣，精通西裝縫製的陳姓同袍一上岸就請假，獲連長准假一個月。一套西裝換一個月長假，實在頗划得來。但張田黨看在眼裡，一股不服之氣也湧上來，拿了假單到連長室請假，但張田黨的假單卻被連長駁回。心有不滿的張田黨二話不說，當場撕毀假單棄置於地，以示抗議，沒想到此舉引發連長勃然大怒，當晚全員在連集合場集合訓話。

「你們裝備檢查不佳，害我挨長官刮鬍子，居然還有臉來請假……」連長一頓訓斥之後，下令班長帶著踢正步，並當場點名張田黨出列示範。被針對性地點名踢正步，張田黨怒目以視，連長見狀，進一步對值星班長下令說：「若有抗命頂撞，就抓去關禁閉！」

當天士官長雷邦傑正好外出休假，沒有適時現身解圍，但班長提醒連長說：「抓張田黨去關禁閉，就怕士官長返回部隊無法交代。」懾於士官長威嚴，最後這場對峙才草草收場。

此外，部隊開榮譽團結會時，通常沒有人敢舉手發言，或發言時淨說些「團結在領袖領導之下，反攻大陸，收復神州……」等等廢話。為免一場榮團會從頭到尾靜悄悄，遭營部長官督導劣記，連長通常都會逐一點名，要每個人都發言，「光復大陸解救同胞」等言論此起彼落，如出一轍。

但輪到張田黨時，他說：「分發下部隊已快滿三年，我發現上樑不正下樑歪，竟有一包、兩包香菸就可以請假的怪現象，長官要求下屬，自己卻無法以身作則。」語畢，全連士官兵眼光都聚焦在連長身上，氣氛為之凍結，連長趕緊點名下一位，移轉僵局。

連長遭指桑罵槐，臉上一陣青一陣白，但是榮團會本來就標榜暢所欲言、不吐不快，只是軍方習慣在這個場合「表忠」而流於言不及義、廢話連篇。在這樣的場合被張田黨吐槽，連長只能暫時隱忍不發，也由於士官長雷邦傑壓陣，連長再不痛快，也只好先吞下去。不過在下課後，連長惡狠狠地瞪著張田黨咬牙說：「你給我記住！」顯然這樑子結大了。

退伍前一個星期，爲避免連長要陰險，張田黨徵得士官長相挺，決定先行離營，把裝備交回去，註記在清冊裡，就準備踏上返鄉路。連長發現後出面攔阻，喝斥張田黨還沒屆滿役期，也沒領到退伍令，豈能離營？但張田黨當面回以「士官長要幫我代領退伍令，武器裝備也已繳交入庫」就要走人。

兩人言詞一來一往，引起部隊一陣騷動，也引來士官長現身駁斥連長，兩人怒目相視，互相破口叫罵。但在士官長迴護之下，張田黨終於安然從部隊退伍，士官長還送他隨身長大的狼犬做爲禮物。牽著狼犬，吹著口哨，張田黨快樂地揮別三年的軍旅生涯。

陸一特役期無端多出一年，此事後來有立委出面向國防部討公道，蔚爲社會熱門議題。回想當兵三年，雖然惹人議論浪費時間，但善於利用時間者也大有人在。比如通訊兵一整排的落榜生埋首苦讀，準備捲土重來，而張田黨也利用那段時間把高中三年的課本全部念過好幾遍，自學自讀加上旁人指導，後來參加教育單位舉辦的資格考，輕鬆過關。這一紙高中畢業證書，經歷一波三折終於到手，倍顯珍貴。拿到證書的那一剎那，張田黨不禁眼眶一熱，淚水在眼中打轉。

過去，張田黨曾北上參加高中聯考，當時雖然未能如願升學，一時之間看不出努力成果，但努力的時光不會白費。直到此時參加資格考，才發現以往讀過的知識都還能派上用場，見證有努力就有收穫。

十一、踏入社會闖天下

「家裡兄弟多，沒有多餘的錢幫你開西藥房。」母親對退伍的長子張田黨道出心底話。三年役期結束，終於回到朝思暮想的家園，張田黨一邊享受母親親自下廚烹調的家常菜，一邊思考未來要往哪裡去發展。他很想到嘉義市繁華市區開一家具規模的西藥房，然而資金至少需要一百萬元。在民國六十二年，那可是一筆龐大資金，老母親吐實家裡沒辦法資助他，這也讓張田黨原本悠哉的心情頓時顯得不美麗。

但回頭一想，當兵之前，他已在台南縣白河鎮扎下不錯的基礎，人際關係還在，未來老婆的娘家也在當地，不如就先從偏僻的鄉下地方開始，成本也較爲低廉。退一步海闊天空，老母親也願意提供創業基金兩萬元，張田黨滿懷感激地收下來，細細規劃一家小而美的西藥房。

再度與當兵前認識的房東女兒鄒宜瑾見面，並沒有產生恍如隔世之感。因爲在當兵三年之中，他倆魚雁往返，兩人透過紙筆書信吐露心聲，愛慕之情隨著役期結束愈來愈濃烈，兩人再相見，就到了論及婚嫁的地步。

「家裡兄弟多，我覺得妯娌和睦很重要，內人個性十分溫和，一定能夠處得很

張田黨與牽手鄒宜瑾結婚照。

好。」張田黨因而認定這位房東女兒是他一輩子的情人了。也因此，他退伍又回到白河租屋處，兩人旋即陷入不可自拔的愛河之中。張田黨於民國六十二年四月廿二日退伍，五個月後的九月廿二日，兩人正式結爲連理，組成幸福的家庭。成家是立業的最有力後盾，在另一半全力支持下，張田黨更有心經營事業。

四十多年前，台灣醫療法令還不完備，西藥房的功能被擴充到有如小型診所，許多老闆客串當醫師，看病打針兼賣藥，雖說不合乎法令規範，也難免滋生醫療糾紛，但是在缺乏醫療資源的偏僻鄉下，醫、病關係就這樣湊合著發展開來。擁有精神科醫務助手資歷的張田黨，比起其他同業實力更勝一籌，尤其他又有「醫務助手聯誼會」當後盾，除了他曾服務過的精神科處方箋外，小兒科、內、外科等等處方箋也不陌生。

張田黨就在白河廣安里落腳，擇吉日創業小型西藥房，不只販售藥品，也融入以前累積而來的經驗，讓小西藥房生意絡繹不絕。張田黨發現，鄉下人有一個觀念，認爲生病是件「奢侈」的事情，會誤了耕種大事，因此身體一有微恙就愛打針，或下猛藥施打抗生素，希望早早驅除病魔好下田工作。但他總是好言相勸，希望病患更有耐心，以更多的休息換回健康體魄，不要急著打針劑。

「其實多數病例我還是配合醫檢師的檢驗報告，做爲投藥參考與依據，不會隨隨便便目測給藥。」張田黨在簡陋的醫療環境中，仍盡量做到現代化、科學化，避免不必要的誤判，減少可能因之而來的糾紛，也讓病患眞正獲致醫療效果。張田黨就是這樣以結善緣的心情，跟地方民眾搏感情，眞正醫好許多人。

開西藥房後，張田黨對一種病印象深刻。他想起當年農民

女兒珮如出生滿月時合影留念。

之間突然出現一種病症：明明胃口很好，卻容易產生疲倦、四肢無力、皮膚發黃、貧血暈眩等症狀。村里間陸續有人發病，一開始誤以爲是撞邪，求神問卜仍不見改善。張田黨判斷，農民們應該是罹患「十二指腸鉤蟲症」，原因是當年田間施肥，都是由農民挑著大便，直接就在田裡面施灑，但農民普遍打赤腳下田，讓鉤蟲從人體毛細孔侵入，一旦感染，症狀都一樣。透過醫檢報告，張田黨也證實了自己的判斷沒錯，再施予正確藥物治療，這個嚇人的病症才漸漸獲得控制。他也勸導農民下田最好穿著雨靴等工作鞋，避免皮膚直接接觸土壤，以免鉤蟲有機可趁。

鉤蟲病爆發後，共有上百位患者被醫治好，村民輾轉流傳，對張田黨評價很好，這份「口碑獎」讓張田黨感到很欣慰。當初因爲沒什麼資本才暫時到白河鄉下落腳，也想著將來如果發展到較大規模，可望搬遷到嘉義市區附近，一圓當初的夢想。但在地經營之後，深耕的人脈已經超越醫病關係，成了好朋友，讓他捨不得離去，白河也

長男豪澤（右）與次男志麟（左）。

因此成了他的第二故鄉。

除了鉤蟲病，偏鄉的精神疾病狀況，也是張田黨所關心的。一般來說，偏鄉雖然沒有都會區的忙碌與壓力，但是因家族遺傳或生活不順遂而產生神經衰弱症的患者，還是大有人在。

「患者若沒有獲得正確紓解，病情加重之後，通常被視爲神經病，被家人鎖在家裡面，較嚴重者則被送到精神病院。」張田黨說，這些患者個性較暴躁，情緒不穩定，常常被誤以爲心臟有毛病，投藥不精準，無法改善病情，反而加深病症。而有不少患者家屬束手無策之餘，轉而求神問卜，請神明到家中坐鎮，施予符咒、符水之後，幸運巧妙化解者固然有之，但無效收場者也大有人在。

所幸張田黨在嘉義市的精神科診所擔任助手的經歷，長期接觸病患，從言行舉止觀察就能略知一二，使得他比較能在早期發現這方面的患者，施予正確治療。除此之外，張田黨更願意給予病患心理諮商，讓患者精神獲得紓解，病況因而漸有起色，讓這些患者最後都能步上坦途，回歸正常生活。

「現在健全的健保與發達的醫療網，小診所、小醫院收治不行，後送區域醫院，再不行轉送教學醫院，層層轉送總能找到問題癥結。」張田黨說，早年偏鄉醫療設備差，條件不足，如同醫療蠻荒期，患者只能自己想辦法。在經濟普遍不寬裕的情況下，求神問卜居多，少數家境經濟許可、能接受現代化醫療觀念者，才有機會被送到大型醫院獲得治療與照料。

「我並不是自誇比較行，但是年輕時在精神科診所的經歷，加上醫學博士蔡陽輝醫師的薰陶，眞的獲益不小。」張田黨認爲，有努力有收穫，慶幸自己在診所當醫務助手時很用心學習，沒有浪費那段時光，給自己挹注了豐富的常識，日後在實務方面助益頗大，也眞正幫助了需要幫助的人。

從民國六十二年退役離鄉背井到外地打天下，經歷六、七年的打拚，張田黨開闢出自己的事業，逐漸在經濟上站穩腳步，視野也因而拓展開來。原先兼業的醫療先鋒，在醫療法令日趨完備之下，他漸漸遠離兼業，回歸到西藥房本業。更重要的是，由於衣食無虞，他關懷的面向也逐漸移轉到政治。

十二、美麗島事件的啟發

一九七九年十二月十日，高雄爆發「美麗島事件」，島內風起雲湧，長期遭專制政權欺壓的民眾，深埋底層的不滿情緒被挑動而爆發開來。張田黨在當兵以前，一直接受國民黨的黨國教育，沒有感受到什麼不公平。但在美麗島事件後，他深層的靈魂被喚醒，從此走向社會運動，參加各類抗爭活動。

「小時候，看到偷挖地瓜的窮苦人家小孩，只為了塡飽肚子，不料被逮獲之後，竟被商人要求脖子掛地瓜串遊街道歉。貧窮已夠可憐了，還要賠上人性尊嚴。」張田黨的腦海不斷回憶起窮小孩遊街示眾的那一幕，這個永生難忘的見證，也讓他開始思考，究竟是誰造成那種悲慘的境地？不停地追根究底後，他對罔顧民生、作威作福的當權者，開始產生無比的厭惡。

再加上他服役時，碰上愛耍特權的軍中長官，有人偷運軍方砂石建自家廚房，有人只為獲取一包香菸而販賣假期……人性黑暗面畢露無遺。擁有權力者不思善用，反而拿權力當福利，愛怎麼耍就怎麼耍，恃強凌弱、欺壓善良。這一幕幕縮影放大到整個社會，不就是眼前的這個國家嗎？

受到美麗島事件刺激，凶惡的地瓜商人和貪婪軍官的嘴臉一再浮現，啓蒙了張田黨必須追求公平正義的那份初衷。當時他暗暗發誓，有朝一日，一定協助窮苦人家人人有飯吃，剷除所有耍特權的惡棍，讓良善當道，每個人都獲得公平的待遇。

「我開始大量閱讀黨外雜誌，漸漸推翻原本牢不可破的觀念，也了解到原來兩蔣統治下的台灣是如此可怕。」張田黨發現，「特權」是專制統治下的一種產物，只要擁有特權，就能發揮所長，往更好或更壞的方向去發展，其餘人等都只能看，永遠沾不上邊。各行各業皆如此，農民更被視為最低賤、最底層，是受到嚴重剝削的族群。

「我也從黨外雜誌中發覺公務員有各省分配額，一個小小的台灣，居然擠進三十六個省分的人員來爭公務員，簡直是笑話一樁。台灣人哪爭得過人家？」張田黨讀得愈多，愈覺得這簡直是欺負台灣人，根本不是國民黨宣傳的造福人民的大有為政府，張田黨於是萌生「這一切都是騙人」的念頭，他再也不相信眼前的這個政府。

美麗島事件後的隔年（一九八〇年），發生了轟動國內外的林義雄滅門血案。當時坐政治監牢的林義雄獲悉噩耗，悲慟萬分，凶案影像透過媒體傳播，深深撼動張田黨的心，將心比心，他也為之隱隱作痛。一九八三年，林義雄的太太方素敏女士代夫出征，投入第一屆第四次增額立法委員選舉，張田黨與白河地方上熱衷黨外活動的曾中山，相偕赴宜蘭縣為方素敏助陣吶喊。

「現場一片抽泣聲，女性都摀著手帕頻頻拭淚，身為滅門血案的被害人方素敏不用談政見，一上台就有催淚效果。」張田黨身歷其境，感受氣氛也爲之淚眼盈眶。政見場眞是一字一淚，被吸引到場的民眾擠爆會場，現場設的募款箱一下子就被塞爆。工作人員另外備妥大紙箱，民眾依然紛紛掏錢贊助，張田黨熱情一催發，也將全身僅有的現金全部擲進紙箱。那一次，方素敏在北基宜選區以十萬多票高票當選。

此後，周清玉在彰化選國大代表，許榮淑在南投選立委，不管路程多遠，工作有多繁忙，張田黨一定邀志同道合者前往捧場，並掏腰包贊助競選經費。「那種熱血賁張的情感，迄今回想起來還是會覺得心頭一熱。儘管整個台灣包覆在一黨獨大、一黨專制的低氣壓之中，但可以感受到熱情與力量結合，隱隱覺得希望的曙光不遠，也値得期待。」張田黨爲之澎湃不已，甚至一度認爲只要能夠獲致武力支援，即使要拋頭顱、灑熱血，進行武裝革命也在所不惜。

張田黨熱情的程度，從掏錢贊助現場募款就可見一斑，通常他會把錢分別裝在兩個褲袋，一邊是決定全部捐出來給候選人，另一邊裝膳雜費，也就是散場後到夜市吃宵夜塡飽肚子，或太晚趕不回家的住宿費。但張田黨卻經常因爲現場太沸騰，而在不知不覺之間把所有的錢全部掏了出去，散場後才發覺口袋空空。幸好，當年不乏駕車跋涉前去捧場的同道，張田黨只好拜託對方給搭便車，才順利返回白河家中。

但張田黨這麼熱衷黨外選情，經常被友人譏爲發瘋，家人也私下覺得不太妥當，勸他收斂一下。畢竟當時的政治壓力還籠罩在台灣上空。

「你們哪時候要去參加活動？有多少人要去？」戒嚴時期，每次張田黨動身出發前夕，包括調查員、警總、警分局等單位，都會到家裡來假客套、喝茶寒暄，然後兜轉到正題之上，詢問活動時間、地點、人員多寡等等。張田黨總是據實以告，絲毫不怕因而惹來麻煩。

「家裡開西藥房，參加黨外活動還是不要太張揚，以免惹來不必要的困擾。」家人見情治人員絡繹不絕，不禁憂心起家庭的經濟重心「西藥房與張田黨」。張田黨不諱言，當時的確有部分情治人員因爲問不出需要的情資，口氣非常差，以「西藥房暗藏違法藥物」等言詞加以恫嚇，但張田黨總是挺起胸膛回以「要查就查，我不怕」。

「部分情治人員有軟土深掘的性格，愈是對他客氣，他愈得寸進尺，非要弄到可以整倒你爲止。」張田黨長期參與黨外活動，也掌握了情治人員的特性。他發現，只要答得理直氣壯，情治人員反而不會太過分；若過於畏縮閃爍，等於敞開大門，則對方必長驅直入，非要問出緣由不可。一旦處理不當，通常會陷入對方設的局而無法自拔，下場就不可測了。

「勸勸你兒子吧！這樣目無法紀參加黨外活動，早晚惹上大麻煩。」情治人員整不到張田黨，轉而跑到嘉義縣鹿草鄉老家對張田黨父母施壓，言詞上軟硬兼施，甚至連白河岳母也成爲被勸告的對象。女性總是顧慮多，張田黨的母親禁不住情治人員施加的恫嚇，常常跑到兒子家去苦勸，希望他少去沾惹政治，顧好家庭爲要。

「家裡還有四個弟弟、一個妹妹，少了我一個也沒差。」張田黨頻遭母親淚水攻勢，愈來愈無法招架，愈勸愈讓他覺得非要爭出頭不可，難免就口出不遜，以家中尚有其他弟妹為由，萬一不測，不虞斷後，把老母親惹得是淚水不止。於今回想起來，讓母親如此憂心忡忡，張田黨深覺萬分不孝。

「是不是等兒子長大一點再參加活動？」太太鄒宜瑾見「被關心」的範圍日愈擴大，前來關心的層級漸高，也不禁憂慮萬一有個閃失，辛苦建立起來的家園恐怕毀於一旦。她多次淚眼相勸，並以家有後顧之憂盼丈夫踩踩煞車，忍一時，待兒女都長大了，愛怎麼投入也就沒有顧慮了。

不過，張田黨認為，台灣面臨轉型期陣痛，很需要有志者一起來投入，如果大家都持這種態度，那台灣還有什麼希望？而且還要忍氣呑聲過日子，不但過得不痛快，距離理想也愈來愈遠，等人民被壓榨到敢怒不敢言，政治腐敗到無以挽回的地步，再想力挽狂瀾，一切恐怕已太遲了。說完，他逕自準備參加黨外活動的衣物，太太本著嫁雞隨雞的態度，也不再多說什麼，默默協助整理行李。

張田黨從當兵前的一張白紙，到接觸黨外雜誌啓蒙，受美麗島事件觸動，開始狂熱參加美麗島被害人競選政見會，整個人為之蛻變。短短數年，他的人生已被國民黨的特權貪腐事件寫得密密麻麻的。因此，一頭熱投入黨外活動，以及日後擔任民進黨的要職，其實也很順理成章，並非那麼不可預測。

十三、加入民進黨

一九八六年九月廿八日，民進黨成立並開始召募黨員。時值解嚴前後，台灣的社會氣氛仍舊肅殺，民進黨猶如剛萌芽的嫩枝，沒有人看好。有部分想加入的人也閃閃躲躲，不敢公開表態，就怕得罪當局而換來無法預測的下場。張田黨黨證二〇六號，他居住的白河鎮也只有六個人入黨。

「長期參加黨外活動，看盡國民黨當局威權作風，期待理想中的政黨快點成立，以打倒腐敗的國民黨。」懷抱著這樣的理想，張田黨終於盼到民進黨成立，滿心喜悅，期待志同道合者能夠團結在一起，為理想打拚，為建立更公平正義的台灣而努力。但是，每當向人問起是否加入民進黨，絕大多數人都一臉驚恐，接著顧左右而言他。不要說入黨，光聽見「民進黨」三個字，就好像聽到惡魔黨一般，讓許多人避之唯恐不及。有人甚至對他說：「你快要倒大霉了，還敢加入民進黨！」令張田黨頗感無奈。

就在民進黨成立的同年，時任立委的朱高正來台南縣演講召募民進黨員，聽演講的群眾很多，也對新成立的民進黨究竟是什麼面貌感到好奇。不過，真正付諸行動宣誓入黨者微乎其微，張田黨就是那少數之一，那一年在新營「韓城」餐廳宣誓入黨。

如今說來好笑的是，當時民進黨剛成立不久，還沒有自己的辦公室，如有黨員入黨需要進行宣誓儀式，通常就在大家聚餐的餐廳，拿著誓詞照著念一遍，就正式成爲黨員。雖然稍嫌簡單而且也不夠隆重，但對於長年在黨外活動的人，能夠擁有一個「非國民黨籍」的身分，也是彌足珍貴。後來，張田黨在白河用心發掘同志，也總共只找到六位志同道合者，這與今日民進黨執政，擁有數以萬計的黨員，實在不可同日而語。

民進黨台南縣黨部也於當年十月準備成立，當時島內政治情勢風起雲湧，地方黨部選舉主任委員也一樣激烈。推選林文定參選的「編聯會」，是一個黨外時期以辦雜誌、寫文章鼓吹民主進而形成的政團；推出省議員謝三升角逐主任委員的「美麗島系」，顧名思義，就是以參與美麗島事件而形成的黨內團體。兩人爭取爲數不多的黨員支持，最後由編聯會政團的林文定勝出，成爲民進黨台南縣黨部首任主委。

有了正式的政黨支撐，張田黨參與社會運動更加起勁，尤其是一九八八年一連串的三一六、四二六、五二〇農民運動，無役不與，而且都擔任帶隊幹部，現場衝刺。那股拚勁引人側目，也因此地方上有人訕笑張田黨的西藥房生意就快完蛋了。但是他都微笑以對，稱沒有關係，生意可以再經營，台灣只有一個，不能不打拚。

事實上，張田黨出身務農世家，成長過程中，眼看阿公、阿爸與伯叔們，每位長輩爲了讓家人過起碼溫飽的日子，一年三百六十五天日出而作、日沒而息，沒有週休日，也沒有娛樂，所有的精神與體力付出，僅僅爲了糊口。但政府的政策幾乎是放任農民自生自滅，殘酷不仁的施政作爲令人憤憤不平，更叫農家子弟張田黨難消心頭之煩悶。因此，當有人譏笑、有人諷刺，他都不當一回事，寧捨生意，全心全力爲農民。

在民進黨台南縣黨部第一屆主委林文定任內，有許多黨內訓練與講習，張田黨均毛遂自薦，要讓自己完全融入反對黨，以期將來有機會爲台灣民主盡一份心力。後來，潘輝全繼任民進黨台南縣黨部主委，打從認識張田黨以來，見他積極參與社會運動，不計代價付出，認爲是可以託付的人，因此鼓勵張田黨參與地方黨部幹部選舉。他原本規劃讓張田黨參選執行委員，但因參選人數爆炸，改選評議委員。在推選評委召集人時，黨內兩掛勢力爭執不下，最後由最沒有爭議的張田黨出線。張田黨從來沒想過擔任黨職，首次參選就一躍而爲評委召集人，讓他倍感興奮。

民進黨組黨之初，入黨的黨員素質常遭外界詬病，其中也不排除是對手政黨惡意抹黑，透過媒體、耳語傳播，把這個本土政黨形容成嚼檳榔、亂吐檳榔汁、叼根香菸就走入群眾的低水準政黨。這樣的形象引起一般民眾的反感，不但不敢入黨，更排斥民進黨人。張田黨十分清楚要改變這樣的形象，只有從端正風氣做起，在擔任評委召集人期間，開除了不少黨員。

「民進黨是新政黨，素質良莠不齊，有人打著中央黨部旗號亂開收據讓人抵稅，有人私營垃圾場違法收集垃圾牟私利，各種違法亂紀行為不一而足。」一旦發現這類情事，張田黨一律不留情面加以開除。尤其民進黨創黨初期很需要所謂的「大咖」入黨加持，當年吳姓講古名嘴要求加入地方黨部，張田黨認為對方靠的是知名度，對民主不見得有助益，而加以婉拒。

另外，有人以環保人士之名，率眾抗爭獲民進黨奧援，最後搭上選舉列車順利當選縣議員。但對方原先言明當選即加入民進黨，最後卻食言。待一屆四年之後，競選連任之際才臨時抱佛腳，急切想入黨，結果被張田黨一口回絕。其他如濱海地區陳姓社運人士、私生活不檢點的現任縣議員，都想搭順風車入黨，也一律被拒於門外。在黨員人數稀少的情況下，這樣的強硬做法曾惹來黨內的反對聲浪，但張田黨獨排眾議，堅持去蕪存菁，後來也證實因為他的堅持，讓民進黨員知所自律，不致於遭人鄙視。

十四、五二〇農民運動現場

「開始噴水了！鎮暴警察打人！」一九八八年，台灣的農民運動風起雲湧，農業縣市的雲林縣「農權會」爲保護農民收益，行動最激烈。在五二〇大型抗議活動之前，三一六、四二六兩日，農權會已率眾兩度到北部表達心聲，但都沒有獲得政府當局正視。到了五二〇，農權會決定採取比較劇烈的抗爭方式，而政府也準備硬碰硬，打算一舉殲滅抗爭農民，因而發生前所未見的大規模警察毆打、逮捕抗爭群眾事件。

「當時政府決定擴大開放外國農產品進口台灣的數量與種類，引起多數農民的質疑與恐慌。」張田黨說，雲林縣與台南縣都是以農立縣，農民深怕己身權益被政府出賣，紛紛起而抗議，其中以雲林縣農權會最有組織，最具戰鬥力，台南縣方面附隨呼應採取動作。

張田黨出身農家，對農運相當敏感。各縣市籌組農權會，發起一波波抗爭行動，他每次都參加。從雲林縣農權會幹部林國華、蕭裕珍等人於民國七十七年三月十六日帶領農民赴台北總統府前抗爭開始，張田黨就帶領台南縣農民一同加入，一起在北部爲南部基層農民發聲。

「三月十六日北部發聲，沒獲得政府正視，四月廿六日，同樣的人馬再度集結台北表達心聲，還是無法獲得政府重視。雲林縣農權會因此嗆聲五月廿日要擴大抗爭規模。」張田黨研判，四月廿六日那場抗爭還是沒獲致回音，才成爲五二○事件的導火線。「我記得總指揮林國華在車水馬龍的台北街頭，就地橫躺馬路上，嗆聲以死明志，政府還是默不作聲，林國華怒火中燒，揚言五二○再戰。」張田黨說，當時面對政府的態度，如同狗吠火車的無奈感油然而生。

五二○當天，雲林縣農權會會長李江海帶頭，由林國華擔任總指揮，蕭裕珍擔任副總指揮，揭示「農業開放可能導致農民權利受損」的抗爭口號，帶領南部農民到台北市請願。大批農民聚集台北街頭準備前往中正紀念堂集會，他們提出「農民農眷保險、肥料自由買賣、增加稻米保證價格與收購面積、廢止農會總幹事遴選、廢止農田水利會長遴選、成立農業部、農地自由買賣」等七大訴求。

「下午兩點多，在立法院前面，民眾開始與警察推擠，歷經好幾波的衝撞，警察失去耐性，開始持警棍毆打請願農民，也使用高壓噴水車強力驅離。但農民不畏懼，堅守陣容，誓言戰到最後一兵一卒。」張田黨被高壓水柱一噴，整個人有如稻草枯枝，被水柱衝擊到四、五十公尺外的地面上，全身濕漉漉，狼狽不堪。但他奮力爬起來，再加入行列。

「我發誓子女與後代子孫，絕對不讓投入軍警工作。」張田黨目睹軍警以鎮暴之名，持棍棒猛力毆打手無寸鐵的農民，把有如父兄的農民當成雞犬一般，猛抽猛打，毫無憐惜之情，見一個打一個。農民被追打、流血、哀號，血淚交加無語問天，連居中聲援農民的學生也慘遭毒手。這場慘烈的抗爭行動直到五月廿一日凌晨才結束，共有一百卅多人被逮捕，九十六人被移法辦，雲林縣農權會的李江海會長、總指揮林國華、副總指揮蕭裕珍都被抓移送。

一幕幕追逐、毆打的場景，在眼前活生生上演，張田黨在參加社會運動以前，從來不知道警察也會持棍棒毆打民眾。在尋常日子裡，警察頂多問起話來凶一點，沒事也很少看見警察會打人，但五二〇的警察都變形了，個個面目猙獰，如同凶神惡煞一般，令人不寒而慄。「原來警察是人民的保母是喊假的。」張田黨冷靜回神過來，不禁做了個對照，發覺警察根本是統治者的工具而已。

然而，更令他吃驚的是，手無寸鐵的農民竟然被指為「暴民」。警方指稱，參與農運的民眾在載運青菜的卡車上暗藏石塊，伺機攻擊警察人員，導致在場維持秩序的憲警人員受傷。這個說法在隔天的報紙上被大幅報導，警方摀著傷口，露出痛苦表情接受包紮裹傷的畫面，透過報紙廣泛傳播。但大多數農民頭破血流的事實，報紙卻反而隻字不提。

「這簡直是天地顛倒了！」張田黨見情勢發展至如此地步，目瞪口呆，不敢置信。一場爭取農民正當權益的運動，在執政當局的操控之下，居然被扭曲為暴民攻擊警察的意外流血事件。各界齊聲撻伐，責難聲音從四面八方湧至，讓人很難想像，原來事件可以透過抹黑而變調，參與運動的李江海等幹部全都啞巴吃黃蓮。

「事實上，大型群眾運動發生凸搥小狀況，在所難免。然而指控農民暗藏石塊攻擊警察，實在冤枉。我認爲，執政當局早有策略對付農權會，研判所謂石塊攻擊警察應該是被設局。」張田黨認爲，抗爭中意外難免，但幾乎沒有人主動挑釁，至少在對峙推擠爆發肢體衝突時，農民很多人高喊不要打警察，就是不想製造警民衝突事件，橫生枝節。沒想到參與運動的農民依然被指爲衝突製造者，當局刻意打壓，實在令人咬牙。

五二〇農民運動在社會運動中留下不可抹滅的印記，在推動保障農民權益方面，直接產生巨大貢獻。「當年流血流汗的人士當中，我最欽佩雲林縣農權會長李江海。」張田黨回憶說，李江海在日治時代讀高校畢業，家境也相當富裕，家中經常高朋滿座，議論時政，關懷弱勢農民族群。但李江海不因出身富裕而自視高傲，自絕於貧困農民，反而積極參與，帶頭衝撞體制，爲底層農民殺出了一條血路。

時至今日，李江海高齡九十六歲，身體硬朗，精神奕奕，提起當年風雲色變的社會運動，依然豪氣萬千，讓後輩爲之景仰不已。張田黨常常懷抱敬佩之情，有空就前往雲林縣元長鄉拜訪老前輩，多方請益，天南地北聊天，並前瞻未來農業的發展。

從戒嚴到解嚴，張田黨參與過無數抗爭請願行動，累積起膽識，凡事只問是非對錯，不畏懼當局派員監控，更不怕親朋好友側目。他認爲，只有堅持勇往直前，才能開闢出一條正確的道路，台灣未來才有希望。如果凡事畏畏縮縮，怕東怕西，不但自己活得毫無意義，台灣更別想有一番新氣象。

十五、詹益樺自焚

一九八九年五月十九日，嘉義縣竹崎鄉人詹益樺，北上參加鄭南榕的出殯遊行。正當遊行隊伍走到總統府時，在鎮暴警察和蛇籠的前方，詹益樺取出自備的汽油淋身點火，火花瞬間引燃全身大火！鎮暴警察只顧噴水柱驅離和平示威的民眾，卻吝於以人道之心將大火撲滅。過沒多久，詹益樺現場殉道，張田黨目睹這一幕，潸然淚下。

一九八九年四月七日，主張台灣獨立的鄭南榕，在他創辦的《自由時代》雜誌社引火自焚，引起國內與國際的轟然矚目。「民國七十八年，雖說已經解嚴，其實體制仍然很專制，民主根本半生不熟。」張田黨長期參與社會運動，深知國民黨掌握的軍、警、情、特系統還是固若磐石，所有運作跟戒嚴時期沒什麼兩樣，只是空有解嚴之名，台灣的空氣還是不自由。

那一年的五月十九日，是鄭南榕的喪禮和出殯遊行的日子，這可以說是一場台灣反抗勢力的大集合。來自台灣東西南北各角落的民主支持者全都聚集在台北，只爲送鄭南榕最後一程。但在國民黨眼中，這卻是一場穩固政權的重要戰役，當局派出重兵沿途戒備，總統府前重點路段更設置蛇籠路障，阻絕送葬隊伍接近總統府。

來自嘉義縣竹崎鄉的熱血青年詹益樺，生於一九五七年，是民進黨的基層黨工，堅持台灣獨立理念，朋友們都叫他「阿樺」。在鄭南榕的喪禮上，像阿樺這樣的台獨狂熱分子很多，每個人臉上都有著悲憤的神情。但不只是狂熱的參與者深感不捨，鄭南榕之死對廣大的台獨理念者而言，都是令人難以接受的事實。張田黨置身其中，感受特別深刻。

當鄭南榕的送行隊伍出發後，長長的人龍時而呼喊口號，時而哀傷靜默，緩緩前行，一股沉悶之氣蔓延著。在接近總統府前方路段時，蛇籠與鎮暴警察嚴陣以待，鎮暴車甚至射出強力水柱，把和平示威的民眾淋成落湯雞，隊伍差點就被沖散。群眾難忍遭到如此待遇，轉身衝向鎮暴部隊叫囂，場面十分激烈。

突然，詹益樺脫隊，站到掛有「生爲台灣人、死爲台灣魂」布條的蛇籠前方，取出預藏的汽油包，從頭頂上方淋下去，接著點燃火苗。一瞬間，他整個人變成一團火球，火焰熊熊燃燒，所有人見狀驚惶失措，紛紛拿起手上的衣物企圖撲滅詹益樺身上的大火。但在無從控制的狀況下，詹益樺就這樣被活活燒死。

「我目睹詹益樺被火球吞噬，臉上沒有任何痛苦的表情，但那種從容就義的神情，讓我十分震撼。」張田黨回憶往事歷歷在目。隔天，統派媒體報導，詹益樺自焚時曾高喊「趕緊把火打熄」，但這完全是捏造的假新聞。「其實，當時鎮暴車射出來的水柱，在第一時間也完全沒有想要幫忙滅火，仍然往其他群眾身上噴水。」張田黨回憶過往場景，感觸深刻。

「如果能用大量水柱衝擊阿樺，雖說不見得有效，但是應能稍稍壓制火焰，或許能夠挽回阿樺一命也說不定。」張田黨認爲，當局視人民如敵人，尤其面對的是鄭南榕的送葬隊伍，憲警人員應該恨不得當場一舉殲滅眾人吧！因此，當下寄望憲警秉持一絲絲人道對待，設法撲滅火勢，無疑是緣木求魚。

詹益樺只活了短短卅二歲。據查，詹益樺年輕時曾隨漁船出海捕魚，短暫在紐西蘭待過，對於當地民主自由的氣氛十分嚮往。相對於當年台灣島內戒嚴的氛圍，讓他萌念追求台灣獨立，從此熱衷參加各項社會運動，不管是農、漁、工的抗爭活動，他都積極參與。沒想到他選擇以自焚的方式殉道，留給後人無限哀思。

這段驚心動魄的歷程，也給了張田黨很大的啓示：人可以爲理念而死，了無遺憾，進而喚醒政府以及沉默的大眾。詹益樺之死，當局故意視而不見，不當成一回事，以爲人們就會忘了詹益樺，忘了鄭南榕。但事實證明，政府愈閃躲，民主的火苗就愈如同野火燎原，勢不可擋。

那段期間，接連發生震驚國內外的事件，如林義雄滅門血案、陳文成博士陳屍台大校園命案，不斷撕裂人心，破壞族群和諧，但也喚醒人們的良知。張田黨參與其中，更加對掌權執政的中國國民黨痛深惡絕。最近流行一句話說「國民黨不倒，台灣不會好」，但這樣的思想，在當時其實已由社群間的竊竊私語，漸漸擴大到人盡皆知。

十六、擔任台南縣黨部主委購置黨部辦公室

張田黨在一九九二年至一九九四年間，擔任民進黨第三屆台南縣黨部主委。他在任期間，爲民進黨置產購買了永久辦公室，也成功輔選海外黑名單之一的鹽水人陳唐山當選台南縣長，奠立民進黨在台南縣穩固執政的基礎。但他於一九九二年參與主委選舉時，卻經歷了一段暗潮洶湧的黨內鬥爭，與謝錦川的競爭甚至交惡，也由此開始。

事情要從民進黨台南縣黨部第二屆主委潘輝全說起。他之前在林文定主委任內擔任執行長，因爲率隊赴台北市抗議台視報導朱高正立委的新聞不公，事後遭蒐證移送法辦、起訴判刑，在主委的一半任期內，不得已入監服刑。他留下的黨務工作由張田黨扛起大半，打理得有條不紊，也因爲張田黨擁有實際運作的經驗，在第三屆主委選舉時，包括立委魏耀乾，黨內重要成員如蘇煥智、李俊毅，以及黨員數最多的歸仁鄉黨部主委李登財等人在內，都全力支持張田黨競選主委，選情穩定。

「張田黨在自家西藥房販賣速賜康禁藥，衛生局要正視派員取締才行。」張田黨沒想到，主委競選的工作才剛要展開，就有人放出風聲做不實攻擊，目的是讓他知難

而退。由於民進黨已成爲正式政黨，在台南縣各項選舉中也一再推出自己的候選人，加上一九八九年李宗藩代表民進黨投入縣長選舉，僅以些微差距落敗，在民進黨行情看漲的情況下，原先不熱門的黨職選舉，變得頗爲激烈。

「我從事的西藥房生意遭對手抨擊，衛生局三天兩頭到藥房稽查，但是眞金不怕火煉。」張田黨雖被抹黑，但仍堅定以對，毫不退卻。就連無黨籍縣議員廖昭猛、國民黨籍縣議員施清標等人在議會中，也力挺、捍衛同爲白河人的張田黨的清白，這點讓他倍感窩心，迄今難忘。也因爲無情打壓接踵而至，原本不挺丈夫參選黨職的妻子鄒宜瑾也一改心意，轉而成爲張田黨最強而有力的後盾，讓他信心倍增。

「我在民進黨剛成立時就入黨，編號二〇六，從事正當行業，一介平民，並沒有強大政治背景，甘願挺住壓力入黨，目的就是爲了改變國民黨長期一黨專制的狀況。雖然個人力量有限，但我願意傾一己之力投入其中，有機會參與主委選舉，更不畏懼來自黨內的排擠與壓力。」張田黨一片赤誠，在民進黨毫無資源的年代，熱情絲毫不減。

當時的情勢，張田黨獲立委魏耀乾以及李登財等基層黨員相挺，而對手謝錦川議員則得到縣長選舉失利的李宗藩以及省議員謝三升的全力支持。兩派人馬對峙，戰況空前激烈。張田黨一度想轉請在縣長選舉中高票落選的李宗藩擔任黨部主委，甚至邀請尚未當選公職的蘇煥智兼任，以免傷了黨內和氣。

但張田黨與謝錦川之爭，從黨內一直擴大到媒體輿論，各方一致看好時任縣議員、人脈較豐沛的謝錦川，也都認爲張田黨將成爲這場黨內之爭的祭品。那時候的主委選舉須具備地方黨部的執委身分，才有資格成爲主委候選人，黨內並舉辦政見會讓候選人上台闡述理念，再由黨員投票直選理想中的人選。第三屆主委選舉商借台南縣政府中正堂舉行，先辦理執行委員選舉投票，確定當選執委之後，再辦理主委登記，由準備競選的張田黨與謝錦川辦妥登記手續，緊接著進行政見發表。

「我記得當時演講內容提到，打破國民黨一黨專制，也要打破台南縣政治向來由山派、海派壟斷的情況，全力爭取民主政黨公平競爭。」結果，選舉最後由張田黨勝出，跌破大家的眼鏡。而他當年的政見，後來在民主政治演進之後，逐一兌現，政黨政治取代了派系政治，這點讓張田黨感到十分欣慰。

「另外，李登財很早就在南關線經營黨務，成立民進黨歸仁鄉黨部，成立時間甚至比台南縣黨部還早。他擔任鄉黨部主任委員，同時也是立委魏耀乾的競選總幹事，十分符合競逐縣黨部主委的資格。」在主委選舉關鍵時刻，李登財轉而全力支持張田黨競選縣黨部主委。張田黨對於他的禮讓相當感激，認爲如果不是李登財力挺，能否順利當選主委，實在難以逆料。

「我擔任主委期間，執行委員陳仕明輔助甚多，讓我很快就進入並掌握狀況，也才能做好決策。」張田黨說，陳仕明足智多謀，每每在關鍵點做出很好的建言，提供了很重要的決策參考依據。不管對內、對外，張田黨都對他倚重甚深，而陳仕明也不求任何回報，付出不為求職升官。卸下黨職之後，默默奉獻地方，從不強出頭，堪稱「俠義之士」。

「我一直希望民進黨能夠永續發展，因此必須要有一個像樣的黨部辦公場所，在還沒當上主委之前，就鼓吹並成立了置產委員會。」張田黨擔任執委期間，在黨部提出這個案子。不過有人相中這個機會，打著黨部置產的旗號逕自對外募款，卻沒有把募得的款項納入黨庫，把這件很有意義的事情搞得烏煙瘴氣，引來外界側目。

在這樣的狀況下，張田黨擔任第三屆台南縣黨部主委後，馬上著手募款置產事宜。他覓妥了一處位在縣治所在地，新營市民治東路廿九號、具備三角窗有利升值的一棟房子，占地六十八坪，擁有該房地產的業主葉天來出價兩千一百萬元。由於葉某本身也十分熱衷民主政治，因此願意削價一百萬元，當成奉獻民進黨置產的基金，於是開價兩千萬元。

價格談妥後，張田黨立即找上第一銀行經理洽談，盼獲借貸一千四百萬元，不夠的金額再自行設法募款。期間，奇美創辦人許文龍曾經輾轉向張田黨允諾願意捐贈兩百萬元，統一企業也捐了一百萬元，大亞電纜捐六十萬元。這些大筆挹注的捐贈款加上貸款金額，已經接近所需款項，剩餘尾款透過小額募款，終於湊足置產基金。

為了使整個籌款過程透明公正，張田黨決定所有款項不經由地方黨部，而報請中央黨部經手大小款項，由中央黨部收款並寄交收據給捐款人，再撥款給地方黨部支付所需，這棟房子也順理成章登記為黨產，屬於民進黨中央所有。

張田黨接下第三屆主委時，租來的辦公室還積欠租金，財政十分困窘。經過一年多的努力，張田黨一手為民進黨籌募資產，終於購置了目前屹立於台南市新營區民治東路上這棟巍峨壯觀的新營黨部。比起其他縣市，堪稱十分體面，這棟辦公室也成了台南市所有黨公職人員共同的家。

黨務方面，每兩週開一次執委會、四週一次評委會。張田黨十分堅持按照時間召開會議，絕

張田黨任民進黨台南縣黨部主委期間，為民進黨買下大樓做為黨部之用，「入厝」啓用儀式貴賓剪綵，現場熱絡。

不受其他的事情影響，就此建立起有秩序、有效率的黨務運作模式。專職黨工人員也從黃香蘭、沈輝煌兩人，持續增加到十數位，其中包括學有專精的人士，在各種集會或選舉中發揮能量。也因為致力提升黨內素質，獲得各方肯定，民進黨才能在置產過程中獲得許多企業界人士挹注經費，輕鬆達到募款目標。

民進黨台南縣黨部主委張田黨（左四）等人，共同主持入新厝剪綵儀式。 記者劉金清／攝影

民進黨南縣黨部 歡喜入新厝

歷經六年多艱辛歲月 總算有了自己的「殼」

記者劉金清／新營報導

民進黨台南縣黨部昨天入新厝，前任主委潘輝全說，從當初租不到房子，到今天有自己的「殼」，民進黨台南縣黨部走過六年多艱辛歲月，回憶往事令人鼻酸。大力促成的現任主委張田黨表示，面對新殼令他激動、歡喜。

位於新營市大同路的民進黨台南縣黨部，地坪七十六坪，建坪一百六十坪，是四層樓建築，造價二千萬元。昨天上午十時三十分，舉行入新厝剪綵儀式，由張田黨、從日本回國的郭榮桔博士、縣黨部評委、執委及縣議員、鄉鎮市長候選人共同剪綵，氣氛熱烈。

張田黨表示，民進黨台南縣黨部歷經林文定、潘輝全二位主委到他第三任，已完成第一階段工作，使民進黨從在野黨成為執政黨。第二階段目標也在擁有自己的「厝」後達成了；張田黨強調，縣黨部的新厝屬於大家，已登記為財團法人，不屬於個人財產，希望大家以整體利益，全力為輔選黨籍候選人打拚。

潘輝全說，民進黨台南縣黨部是七十六年九月廿七日成立，當時原準備在新營市民權路租屋，但房東知道是民進黨要租拒絕了，隨後縣黨部看中延平路一處地點，房東知道他們的身分後也拒絕了，第三次看上新進路一棟房屋，接連兩次教訓後，騙房東說要做生意，但對方不相信表示坦白說沒關係，只好說明來意，不料對方真的願租給民進黨台南縣黨部。潘輝全表示，從當初沒有人願租給民進黨，到今天擁有自己的新厝，民進黨走過六年多艱辛歲月，回憶往事令人鼻酸。

民進黨籍縣議員候選人陳金興、沈春輝、鄉鎮市長候選人陳國銓、鄭天德等人表示，回憶建黨艱辛過程，令人感慨萬千，民進黨台南縣黨部今天有自己的厝，代表他們的責任更重，會繼續努力，同時歡迎有更多人加入民進黨，並全力支持民進黨候選人上壘。

縣黨部準備了豆菜麵、豬血湯等多種台灣小吃招待貴賓及黨員，大家吃得津津有味。

《聯合報》報導民進黨台南縣黨部「入厝」消息。

十七、新營市長補選事件

「在我從事黨務生涯之中，新營市長補選三支槍事件，對我影響至鉅，也將知名度推向全台灣。」

張田黨於一九九二年當上第三屆主委。那一年，台南縣治所在地新營市市長顏繼斌因病去世，必須辦理補選。國民黨推出候選人黃金鏞，民進黨則推出候選人鄭天德，兩軍對壘，戰況空前緊綳。但不料選舉期間，竟發生國民黨競選總幹事吳木桐掉三支槍的事件，輿情沸騰，轟動海內外，可惜仍未能翻盤成功。

整件事情，緣由於無黨籍的新營市長顏繼斌。他人脈廣、經濟基礎亦佳。原本政治前景看好，有如明日之星，不料身體健康竟出狀況，經檢查罹患肝癌，在任內去世。其遺缺勢必得辦理補選，於是引來國、民兩黨競逐，過程起伏劇烈，扣人心弦。

「這次市長補選，民進黨不能缺席，一定要推出好的人選參選到底。」張田黨在執委會中大聲疾呼，要求各執委凝聚心力，團結一致，搶下縣治地市長席位。時任新營市農會總幹事的鄭天德，畢業於台大法律系，因爲有他在，歷次選舉中，農會系統屢屢偏綠，讓國民黨視如眼中釘。原本傳統選舉中，農、漁系統都是國民黨的囊中物，但鄭天德居中「搞怪」，讓國民黨非常頭疼。

「鄭天德與陳定南、姚嘉文是台大法律系同學，理念相近，自然產生與國民黨意見相左的結果。」張田黨鎖定鄭天德進行遊說，執委會亦多數認同並表支持。不過，黨內另一派持反對意見，積極推薦另一位營造商出身的鄭吉成，理由之一是鄭出身新營市區，擁有較密集的人脈與票源；另一個理由是，鄭吉成平日挹注民進黨經費花了不少錢，亦因而積欠了一屁股債。因此挺鄭吉成者遂要求撤銷鄭天德提名，改爲徵召鄭吉成。

兩派意見僵持不下，而這也是張田黨從事社運到入黨以來，生平首次遭到抗議。挺鄭吉成的黨內人士如謝錦川、洪榮川等人，率眾到民進黨台南縣黨部抗議，引來民眾、警調單位的側目——沒想到民進黨也成了抗議的對象。但張田黨堅持己見，絕不退讓，一行人轉而施壓鄭天德。原本在夾縫中求生存的鄭天德，受託參選已萬分不得已，如今再遭異議者橫施壓力，痛苦萬分，向張田黨表達不選的念頭。

「你要挺下去，這是歷史任務，執委會通過提名，有任何困難都由黨部承擔，一定不能缺席，否則黨部無法向社會大眾交代。」張田黨率幹部頻頻安撫鄭天德，也馬上找到在國小任教的鄭夫人，請他們夫妻一定要相忍爲台灣人出一口氣，不能屈服於惡勢力。幾經遊說，張田黨總算平息他們的不安，順利展開競選腳步。

鄭天德競選總部總幹事由張田黨主委兼任，有地緣關係的太北里長王獻彰擔任副總幹事。由於鄭天德出身新營西郊的太子宮（太北里、太南里），有了王獻彰相挺，如虎添翼，可望在新營市郊區農業地帶的九個里拿到與對手相抗衡，甚至勝出的票數。因此，王獻彰擔任輔選重要幹部至為關鍵。

而對手黃金鏞出身新營市郊區姑爺里，鄰近太子宮，其父親黃昭仁為國大代表，其妻何麗華為台南縣議員，出身政治世家，從事營造業，財力雄厚。然而在學歷方面，台大與高中對比之下，鄭天德顯然是高出一大截，兩陣營從頭比到腳，一定要拚個輸贏，比出高

新營市長補選，鄭天德競選總部成立，時任立法委員的陳水扁蒞臨現場助講、凝聚人氣。

下。尤其在郊區九里的競爭更是劇烈，檯面上競相拜訪拉票，檯面下互挖樁腳，暗盤來來去去，角力起起伏伏，張力十足。

一九九二年七月十日，張田黨率領競選人員拜訪台南縣警察局局長丁原進。在《選罷法》規範還不明確的年代，並沒有明令禁止前往機關團體拜票。但此次拜訪的主要原因，是考量早期選舉賄選仍然十分猖獗，張田黨認爲有必要向警方甚至檢調單位表達乾淨選風的重要性，因而決定拜訪縣警局長，傳達宣誓性的意義。

「主委，副總幹事王獻彰被開槍了！」張田黨一行在丁局長與警局幹部陪同下，逐一到各課室拜會發文宣。告一段落之後，丁局長主持會議，由縣刑警隊幹部陪同張田黨在隊部泡茶閒聊家常。突然行動電話傳來急促的示警，張田黨臉色一沉，向在座的縣刑警隊人員表示選舉發生槍擊案，同時馬上起身到縣警局二樓會議室，當場打斷丁原進局長的談話，指稱已發生選舉槍擊案，丁局長旋即指示新營分局長馬上離席逕往現場處理。

張田黨率隊火速趕往新營太子宮派出所，一路上猛打電話通知所有支持者駕駛競選宣傳車到太子宮槍擊現場聲援，抵達現場時已水洩不通、人聲鼎沸。但張田黨逕入派出所，乍見眼前情景，卻倒抽一口冷氣——原來是擔任國民黨市長候選人黃金鏞競選總幹事的台南縣議會副議長吳木桐，竟大剌剌地坐在派出所所長的位子上，翹著腳一派輕鬆，跟隨的小弟分坐在每位警員的座位上，被槍擊未遂的王里長則是臉色蒼白，全身顫抖，瑟縮在一隅。

張田黨對於眼前這一副「無政府狀態」的場景大感不滿，更不想懾於淫威噤聲，便逕自走到吳木桐面前質問：「副座為何對我們的副總幹事開槍？」沒想到吳木桐說：「主委，你當我槍法那麼不準嗎？要開槍他還能在這裡？」張田黨厲聲回嗆：「你不但開槍，還連續開了兩槍！」但吳木桐只是沉默不言，不願回應張田黨的指責。

原來，十日當天早上，擔任黃金鏞競選總幹事的副議長吳木桐，研判王獻彰在太子宮影響力太大，若全力投入輔選鄭天德，將不利黃金鏞的選情，因此決定提前展開行動，讓王副總幹事畏懼縮手。吳木桐帶領蘇×武、蔡×林、馬×豐等手下到太子宮找王，企圖以建設經費利誘收買。

吳木桐帶領手下到民進黨設在太北里的競選服務處，佯稱是民進黨人員，請王獻彰返回服務處洽談選務。王收到消息不疑有他，但一腳踏進服務處後，就覺得氣氛詭異，不常露臉的吳副議長已端坐在椅子上等候。吳招手要王坐下，開門見山說要給大筆的建設經費，但王以目前正值選舉不太方便，推托不就。吳臉色大變，認為王敬酒不吃吃罰酒，示意手下押人外出上車。

王瞄見對方腰際鼓鼓，似藏有槍枝，心裡有數，在接近座車之際，趁隙拔腿脫逃。吳等人見王居然掙脫，立即尾追而去。其中一人並掏出槍枝，往前方王的身影射擊，總共開了兩槍。王死命奔逃，倉皇躲進太子宮派出所，撿回一命，隨後吳木桐一行人也跟進了派出所。

張田黨抵達現場與吳木桐對質之際，派出所周遭已人山人海，民進黨競選宣傳車把派出所團團圍住。各種傳言滿天飛，各方爭相欲了解眞相，壓力空前高漲，情勢一觸即發。時任分局長的蘇清雄趕到派出所，爲避免現場失控，演變爲不可預測的群眾事件，蘇清雄要求雙方均返回市區新營分局製作筆錄，以釐清混沌不明的情況。

「不行！不行！先請檢察官到場才對。」張田黨堅持要檢方到場才能製作筆錄，要求警方通知檢方到場指揮偵辦，所有人暫時不得離開現場。吳木桐聞言色變，起身與一名刑警幹部竊竊私語，之後逕自走出派出所，躲入外面的賓士座車裡。「跟著他！」張田黨喝令競選總部人員周毅貼身尾隨吳木桐。

吳木桐在座車內待了一會兒，才步出車外，但中山裝口袋明顯鼓鼓的，腰際也有凸出物。他由座車再走回派出所，舉步正要踏上台階之際，一個踉蹌，口袋居然掉出一支槍，烏黑的槍身就亮在眾人眼前，群情嘩然。「快撿起來！用力抱住他。」張田黨厲聲要周毅撿槍並抱住吳木桐。

吳木桐彎下身想撿拾掉在地上的槍，卻又從口袋掉出另一支槍，接著被人從腰間搜出第三支槍。轟動海內外的三支槍事件就在此刻上演。原本槍擊案已吸引群眾層層包圍派出所，豈料副議長竟當場掉槍，還一次三支。只見民眾爭相上前搶槍，持起槍枝輪流檢視槍身，而這般撿槍、看槍、把玩槍枝的畫面，就這樣隨著新聞報導傳遍了全國，也上了外國媒體。事後發現，三把槍均已上膛，幸好沒有橫生意外，讓人捏了把冷汗。

當下司法單位處理該事件的顢頇態度引人疵議，包括做爲重要證物的槍枝隨便外流到不相干的第三者手中，處理重大社會事件態度兒戲，沒有在第一時間請出檢察官坐鎮指揮，以致隨時可能擴大爲不可收拾的群眾流血事件。有人說，幸好太子宮的主神三太子顯靈，才讓吳木桐踏上台階時踉蹌抖出槍枝，進而揭露這件選舉槍擊暴力醜聞。更幸運的是，沒有進一步發生槍擊流血，殃及無辜。

三支槍如青天霹靂炸裂選情，也迅速凝聚綠營支持者湧至太子宮派出所，將現場擠得水洩不通。檢察官獲報後不敢遲疑，火速抵達太子宮派出所指揮警方偵辦，製作初步偵訊筆錄。問訊完畢，吳木桐等涉嫌人擬進一步移送檢方複訊。原本檢警沒有決定上銬，擬逕移地檢署，但張田黨當即指出，目前包圍人數多達數千人，如果不上銬逕自步出派出所，一旦發生任何意外，檢警要負責任。

幾經商議，檢警決定把吳木桐等涉嫌人全部上手銬，當步出派出所時，包圍的群眾響起歡呼聲，誰也沒想到不可一世的副議長吳木桐及其黨羽居然會被上手銬繩之以法。吳木桐惡狠狠地盯著張田黨，咬牙切齒說：「主委，你給我記住！」前來關切並聲援上銬法辦的蘇煥智也遭到吳木桐厲聲辱罵。涉案人等被押抵地檢署之後，張田黨

張田黨前往法院，控告吳木桐開槍。

也率隊跟至，一下車，吳木桐再度盯著張田黨撂狠話：「你給我記住！」張田黨則回稱：「你沒有機會了。」

吳木桐經複訊後遭到檢方收押偵辦，警方擔憂張田黨人身安全，主動派遣兩名便衣警員隨身保護，但張田黨強調「不用了」，因爲他認爲自己置身綠營反對運動，早就把性命豁出去了。同時，他也認爲在該事件中，有刑警幹部與吳木桐等人勾結，企圖隱匿黑槍，而且該幹部平日也利用警察身分從事土地交易，疑似觸犯風紀。在事件曝光之後，該刑警幹部被調離，不久後自請離職，不再擔任警職，算是藉由三支槍事件一併肅清警察風紀。

新營市長補選選情經三支槍事件衝擊後，演變爲報紙全國版頭條新聞。由於當時並沒有其他選舉，補選案成爲每天全國的矚目焦點。藍、綠陣營支持者由全台各角落蜂擁而至，選情也逐漸白熱化。

民進黨藉由三支槍事件，大有翻轉選情的機會，每一場政見會均人山人海。但由於競選總幹事吳木桐遭到收押，藍營動作頻頻，趁機發起支持者大規模遊行，持「還我總幹事」布條繞行市區，一方面悲情訴求，一方面凝聚藍營支持群眾，避免選票被三支槍事件衝擊而散掉。同時，傳統戰也悄悄部署，固守農、漁、軍公教等各個系統。

反觀民進黨候選人鄭天德的政見會人潮洶湧，可惜參加者多為外縣市綠營死忠派人士，在熱鬧的表象之下，未能進一步將人潮變成支持票源。加上鄭天德陣營也疏忽了藍營的反撲力道，選

新營事件後，張田黨帶鄭天德、王獻彰，與立委魏耀乾、邱垂貞到法務部投訴。

舉投票當天，居然讓傾向支持他的選民全部被請上遊覽車出遊，沒有拿出有效反制辦法。最後選舉結果以二三七票落敗，讓民進黨支持者扼腕不已。

選舉落幕，三支槍官司繼續審理中。時任新營分局長蘇清雄，從事件爆發到移送法辦期間，各方而來的壓力接踵而至，多次私下跟張田黨說副議長一直威嚇他，讓他十分困擾。張田黨鼓勵蘇分局長要挺住，不可輕易縱放，否則警方公正性勢必遭到各方質疑。

同時，時任台南縣警察局長丁原進也力挺案件秉公依法處理，並且下令所屬積極蒐集相關事證，準備將相關人等依《檢肅流氓條例》移交感訓處分。後來該感訓案件在地方法院審理之後，裁定不交付感訓。此一處分讓張田黨十分不滿，但也埋下吳木桐意外猝死之遠因。

「主委！主委！報告你一個好消息！」有一天，張田黨率領群眾到環保局抗議垃圾場污染問題，就在他持麥克風大力抨擊官員監督不力之際，突然有位警官越過人群朝張田黨招呼，並稱有好消息。張田黨暗忖警方哪裡來的好消息？正狐疑時，對方壓低嗓門說：「副議長吳木桐死了。」

原來，吳木桐被檢方起訴獲交保，乍獲自由後立刻用藥，卻因使用過量導致昏迷。第一次昏迷後幸運獲救，但第二次昏迷就沒那麼幸運，在柳營家中被發現時，已經沒有生命跡象，送醫不治，留下許多讓後人爭議不休的話題。但他的猝死，也讓當時與他交手的警察和民進黨人士放下胸口的一塊大石，大大呼吸新鮮又自由的空氣。

整個事件，由案發到逮捕涉嫌人接受法辦、起訴判刑，張田黨當下都堅定明確地要求檢察官一定要到場指揮偵辦，立場絲毫不鬆動。最後終於扳倒大咖民代，也揭發了黑槍暴力介入新營市長補選的陰暗面。張田黨明快處置的態度，確立了案情往上發展的方向。事實上，當年司法、政治經常混淆不清，糾結在一塊，涉嫌人等一旦離開派出所現場，案情發展將往何處去？實難以逆料。

關鍵時刻，張田黨下定決心

新營市長補選發生槍擊事件後，張田黨帶鄭天德、王献彰到中央做說明。

不屈服。雖然在新營市長補選中，民進黨候選人以極少票數落敗，但該事件揭露選風惡劣、醜陋的面貌，大大衝擊往後國民黨的選情。張田黨的處置態度則受到民進黨中央肯定，在選舉落幕後，經黨中央、立委安排赴司法院拜會法務主管，在台北立法院召開記者會詳談事件始末，把陰暗面通通攤在陽光下接受檢視。地方派系囂張跋扈與政黨掛勾的負面形象持續擴散，讓國民黨頗爲難堪。

此外，新營市長補選本來只是地方政治圈的事情，但被三支槍事件一渲染，變成國內外各家媒體爭相報導的事件。張田黨收到許多海外華僑的來信，內容都在讚揚張田黨勇敢果決，揭露出國民黨惡劣的本質。

新營市長補選三支槍事件，當年新聞報導約略如下：台南縣議會副議長吳木桐與蘇×武、蔡×林被控持槍殺人未遂案，台南地方法院合議庭審結，認定吳木桐三人確有持槍押人不成，而對空鳴槍恐嚇，但無殺人未遂，依《槍砲彈藥刀械管制條例》將吳木桐處刑三年，蘇、蔡各處刑二年六月。

法官當庭裁示吳木桐三人羈押原因消滅，吳木桐准以五十萬元，蘇、蔡二人各以卅萬元交保，交保後移治安法庭審理，治安法庭隨後裁定不交付感訓。

判決書說，吳木桐（卅九歲）擔任台南縣新營市第四屆市長補選候選人黃金鏞的競選總幹事，因這次選舉競爭激烈，而擔任另一候選人鄭天德競選副總幹事的太北里長兼里長聯誼會長王獻彰，對太子宮地區的影響力相當大，吳木桐認爲黃金鏞的情勢受到威脅，企圖以撥給地方建設經費的方式利誘，如不成則押人威迫，使王獻彰放鬆助選。

七月十日上午，吳木桐與蘇×武（四十二歲）、蔡×林（廿六歲），以及在逃的馬×豐和另一不詳姓名男子前往太子宮，途中由吳木桐以電話聯絡王獻彰，他佯稱是民進黨服務處人員，有機密的事情商量，要王獻彰到太北里的競選服務處商談。

吳木桐等人分持點三八的左輪、右輪、九二型及中共黑星手槍共四支槍抵達鄭天德服務處，和王獻彰碰頭後，吳木桐問王獻彰是否要建設經費，王獻彰答說不太好，現在給太敏感，要給的話等選後再給。

吳木桐聽後怒說：「你是不是要作梗？」王獻彰答：「並未與你作對，各人有各人的立場。」吳木桐就說：「不管，上車！」其餘人等就摸鼓起的腰際（暗示帶有槍械），王獻彰不得已，只好隨吳木桐一起走到車旁，他趁眾人不注意時轉身逃跑，吳木桐等人的其中一人以未扣案的黑星手槍連開兩槍示威。

判決書勾勒出整起事件前後始末，讓後人一窺當年新營市長補選陰暗面，也成了那個世代新營人茶餘飯後的談資，歷久不衰。

而黑槍介入新營市長補選事件，大大提振了民進黨的士氣，隨後在隔壁的鹽水鎮鎮長選舉中發酵。當時無黨籍的候選人陳國銓，擬挑戰國民黨提名的鎮長候選人邱廖芸華，這是一場被認爲沒有勝算的選舉，邱廖芸華當選鎮長，有如探囊取物。

但經歷補選事件，民進黨士氣正高昂，民氣可用。張田黨認爲不能在任何一場選舉中缺席，便主動接洽陳國銓，徵詢同意之後，以民進黨名義徵召爲鹽水鎮長候選人。當時，出身農會系統的陳國銓，內有農會不同派系拉扯，外有政黨施壓，以及黑道揚言斷腳斷手，目的是讓他知難而退。張田黨徵召成功之後，在鹽水鎮舉辦了一場大型造勢政見會，公開宣示陳國銓爲民進黨鎮長候選人，若遭任何攪局，民進黨將傾巢而出，全力反制。

陳國銓有了民進黨奧援，且經民進黨公開力挺，清理戰場之後，選舉終於不再舉步維艱，順利到處請託拜票，氣勢不斷上揚，與對手邱廖芸華形成拉鋸戰，讓國民黨吃足了苦頭。雖然選舉結果仍以些微差距落敗，但民進黨在鹽水扎根愈見深化。

「這一切全拜新營市長補選事件之賜。」張田黨認爲，包括新營、鹽水等地方首長選舉雖然敗下陣來，但選票差距已經十分微小，顯示民主逐漸深化，一黨獨大之勢已漸漸被打破。假以時日，一定可以突圍，達到政黨互相制衡的地步。

十八、台南縣第一位民進黨籍縣長陳唐山

一九九三年，又逢縣市長選舉。在此之前，民進黨在一九八九年提名李宗藩投入台南縣長選舉，以些微差距落敗，確立了藍、綠兩陣營在台南縣相差無幾的抗衡情勢；加上國民黨籍的縣長在後期執政，民怨日增，不斷發生抗爭事件，民情沸騰，選舉只要操作得當，翻盤有望。爲此，擔任主委的張田黨致力於尋找合適人選，以便搶下台南縣長寶座。

「評委召集人任內有機會赴美參加台獨聯盟舉辦的研習活動，遇到台南縣鹽水鎭鄉親陳唐山，當地的台獨人士都認爲陳唐山是個很好的人選。」一九九二年，在林秋滿女士的安排下，張田黨前往美國聖地牙哥大學，參加由李瑞木教授主持的進修課程，而後轉往台獨聯盟位於日本的「玉山書院」進行短期進修。也就是在美國的行程中，張田黨初遇陳唐山，見他言行舉止溫文儒雅，根本不像國民黨所形容的台獨大魔頭，而認定陳唐山若能返鄉代表民進黨參選，將是一件美事。他於是當面邀請陳唐山，有機會的話，一定要回台南縣故鄉角逐縣長。

後來黑名單解禁，陳唐山先於一九九二年加入民進黨並參加年底立委選舉，獲得

僑界全面支持而順利當選僑選立委。自此之後，他往返台、美之外，也經常返回台南縣故鄉拜訪基層民眾，既彌補一己離愁，也為將來若有機會進一步返鄉服務，先做好扎根工作。

一九九三年台南縣長選舉，民進黨舉辦黨內初選。當時，一九七〇年在美國紐約行刺蔣經國不成的鄭自才已返台，並接受司法制裁，於台南縣山上鄉明德外役監服刑期間，表態競選；另有省議員謝三升、僑選立委陳唐山、立委魏耀乾，以及學者教授楊澤泉，總共五位候選人投入黨內競爭。

有意參選者各擁支持者，都不願意主動退讓，主委張田黨則率領五位參選人（鄭自才派代表）到民進黨中央黨部參加協調。第一次協調會，由卸任的黨主席江鵬堅主持，江前主席以詼諧口吻問道：「有沒有誰不選會死的？」惹來哄堂大笑，但這次協調沒有結果。

第二次協調，由黨主席黃信介親自主持，立委魏耀乾為了顧全大局，願意自動退出競爭行列。在看過相關資料之後，信介仙說：「唐山念氣象科學的，當縣長行嗎？」其實私底下，黃信介比較傾向支持蟬聯多屆省議員的謝三升。不過談歸談，最後仍沒有敲定人選，因此還是決定透過初選制度，挑出最適合的縣長候選人。

當時黨內新潮流系支持鄭自才，而支持蘇煥智的一派黨員約三至四千人則力挺鄭自才及謝三升。初選結果出爐，鄭自才雖然人在監獄，卻獲得第一名，陳唐山屈居第二，第三名是謝三升。但陳唐山與謝三升對於這樣的選舉結果都感到十分不悅，雙方支持者更是打爆縣黨部與張田黨家中電話頻頻抱怨，尤其是獲得縣黨部執委會支持的陳唐山支持者大吐苦水。但張田黨氣得回嗆說：「你們都不加入民進黨成為黨員，初選輸了再來怪東怪西，要怪誰呢？」

由於鄭自才是舊台南市人，並非土生土長的台南縣人，張田黨認為他的代表性稍嫌不足，擬依此勸退，因此率領執行長李俊毅等一行人，到山上鄉明德外役監辦理面見鄭自才，希望他打消念頭，成全地方支持陳唐山的心願。但張田黨話才出口，立刻換來鄭自才的太太吳清桂破口大罵。她認為，既然黨內初選都有了結果，就應該尊重

確保執政基業

籲黨員以縣政利益和黨的最大勝算為重 傾向支持陳唐山

民進黨四前主委喊話

民進黨分裂檯面化

縣黨部不予置評 照辦初選

謝三升：不管協調 參選到底

蘇煥智：曲解初選程序 悲哀

陳唐山：感謝支持 努力衝刺

由於多人競逐初選，且都意志堅定不願退讓，縣黨部前主委林文定、潘輝全、張田黨、謝錦川舉辦記者會，呼籲黨員確保執政基業，傾向支持陳唐山。

制度，不能出爾反爾，更不可隨便更換人選，以昭公信。想當然爾，張田黨勸退之行碰了一鼻子灰。

張田黨苦思對策，爲之苦惱不已。但有一天，卸任的主委潘輝全興奮地跑到縣黨部衝著張田黨說：「有救了！有救了！」潘輝全說，鄭自才服刑出獄之日，無法趕上縣長選舉登記截止時間，僅僅差三天。聽到人選問題終於可以解套，張田黨如釋重負，也趕緊擬妥北上向中央執委會報告的書面資料。

張田黨在執委會報告指出，鄭自才出獄時間無法趕上縣長選舉登記，理應由排序第二名的陳唐山遞補。黨中央無異議通過此案，陳唐山確定遞補獲得提名競選台南縣長，此一消息讓支持者雀躍不已。然而此一發展，卻讓另一位候選人謝三升十分不高興，謝三升及其支持者一直要求再辦一次黨內初選以昭公信，另一頭的鄭自才眼見煮熟的鴨子飛了，更是一肚子火。因此，提名工作雖經一波三折終於到位，但更艱辛的黨內整合工作才剛開始。

縣長選舉提名確定之後，出身台南縣七股鄉的台獨聯盟主席黃昭堂，認爲台南縣民主火苗尚待發揚，且放眼台南縣，幾乎是一個村莊就有一座廟宇。黃昭堂因而發想，請張田黨安排「廟口開講」，以村莊的信仰中樞聚集人群，闡述民主理念，達到遍地開花的效果。廟口開講也等於縣長選舉的前哨戰。

「我、李俊毅以及黃昭堂主席，三個組成開講團，雖然一開始只有小貓兩、三隻，但我們毫不氣餒。」張田黨與李俊毅輪流駕駛「戰車」，轉戰台南縣卅一鄉鎮市，傳遞民主信念。三人一組輪流開講，一開始現場只有寥寥數人，黃主席頻頻打氣，認爲只要持之以恆，一定能夠匯聚人氣，達到宣揚民主理念的目的。

三個人堅定信念，不怕苦不怕難，日復一日，終於開花結果。對多數台南縣民而言，國民黨長期執政，絕對權力隨之而來的腐敗氣息，已令人感到厭倦，許多鄉親希望呼吸到新鮮空氣。廟口開講飄著清香而來，一傳十、十傳百，透過口耳相傳，大家相約到廟口聽演講，打開閉鎖的心靈，解開禁錮的靈魂，大有得到解放之感。也因此，廟口開講人數愈來愈多，從一開始的個位數，逐漸累積到上百人乃至於數百人，轟動一時。

由於縣長已確定提名陳唐山，每一個場子傳播下來，知名度大開。國民黨見狀爲之戒慎恐懼，也依樣畫葫蘆，仿效民進黨在廟口舉辦小型政見會，推銷黨的政績與參選人，打起對台。可以說，縣長選戰早已悄悄開打。

「走遍了天涯海角，也是故鄉的月卡圓，吃遍了山珍海味，也是阿娘煮的卡有滋味……」縣長選舉正式登場，陳唐山的競選歌曲〈回鄉的我〉歌詞十分貼近他前半生的遭遇，諸如成爲黑名單被當局監控，無法返鄉與親人團聚等等。再加上歌曲旋律輕快，立即成爲大街小巷人人都能朗朗上口的主題歌。這場宣傳戰，陳唐山已經贏了對手大半。

一九九三年縣長選舉結果揭曉，台南縣民引頸以待的非國民黨籍縣長終於出爐——陳唐山以高票擊敗對手黃秀孟。教育界出身的黃秀孟當時爲省議員，夫婿王宮田曾任台南縣教育局長，人脈豐沛，獲國民黨提名角逐縣長。如果時間再倒退幾年，她的資歷選縣長幾乎十拿九穩。然而，台南縣歷經無黨籍蔡四結挑戰楊寶發、陳水扁衝撞李雅樵、李宗藩差點超越尋求連任的李雅樵，陳唐山與黃秀孟對壘時，民進黨氣勢已衝到山頂，勢已難擋。

「田黨兄，眞感謝您！」民進黨終於攻下台南縣長寶座，讓陳唐山從海外返鄉一舉嘗宿願，全黨上下歡欣鼓舞。尤其是操盤主委張田黨細膩處理選舉中的每個環節，幫助陳唐山順利搶下縣長大位，厥功甚偉。陳唐山緊握張田黨的手表達謝意。

一九九三年，對民進黨台南縣黨部而言，是歷史性的一年。跨越了國民黨長期執政的鴻溝，更一舉打破山海兩派把持台南政治的情況。原來台南縣政情在國民黨扶持下，依地理位置劃分爲山派、海派，兩派人馬輪流把持台南縣政，端看居中操縱的國民黨黨部主委偏愛哪一方，就讓哪一方順利取得執政權，而爲了長期執政，原則上是山海兩派輪流掌權。

但不管是山派或海派執政，其實都等於國民黨執政，施政以黨意爲依歸。據了解，戒嚴時期，在縣府編定預算之前，按例都要召開黨政會議，有關預算經費的分配，主委的主張極具分量，幾乎就是主委說了算。縣長仰賴黨部扶持、提名當選，豈

縣議員、鄉鎮市長選舉誓師大會，陳唐山與張田黨帶領議員及鄉鎮市長候選人誓師。

能不聽黨部主委的話？也因此，黨外時期以及民進黨的人士很難分到一杯羹，建設需求也很難做到平衡均勻。民怨日漸累積，對於山、海兩派把持政治的狀況愈來愈難以忍受。

「我十分高興終於打破國民黨把持的山、海派政治。」張田黨擔任主委，致力於政治突圍，將陳唐山順利推上台南縣長的位置，就是一大勝利，令張田黨倍感欣慰。然而，時任國民黨主委葉肇祥卻說：「張主委，你不要高興得太早，你們選上縣長，最多也就是換三張新面孔而已。」他與張田黨碰面致賀時，如此吐露心底話。

「葉主委的話並沒有錯，由於國民黨執政太久，縣府局、處長幾乎清一色國民黨籍。」張田黨雖早有心理準備，但陪同陳唐山入府視察後，才認眞體會到葉肇祥所言不假。陳唐山初履新，巡視縣府各辦公室進行禮貌性拜會，除了課長幹部需起身致意外，其餘公務員幾乎半掩著臉，不敢直視這位被輿論形容爲「台獨大魔頭」的陳縣長。

不過，隨著陳唐山入主縣府，溫文儒雅的形象，一新所有公務員耳目。尤以他的美式作風，要求上班謹守本分，準時下班，不強求加班，讓公務員工時回歸正軌，受到極大認同與支持，府內一團和氣，讓國民黨方面不敢置信。此外，更令藍營氣結的是，由於陳唐山作風平易近人，許多具備黨籍的重要事務官居然易幟，成爲陳唐山倚重的左右手，大出一般人意料。

事實上，陳唐山知人善用，係藍營事務官樂於襄助一因。例如在李雅樵縣長任內擔任主任祕書的李國堂，於政權輪替後，原本已開始清空辦公室物件準備移交走人。但陳唐山聽到後，特地走到主祕辦公室看他，同時請他留下來共事。李國堂留下來之後，善盡本分，不因換黨執政而擺爛。過了一個月，陳唐山把代表決策權的甲章交到李國堂手上，也代表對他的完全信任。

陳唐山把藍色變爲綠色，也使得民進黨台南縣黨部運作更加順暢，黨員數目有增無已，愈見茁壯，成爲實至名歸的執政黨。張田黨也一度有機會成爲縣府的機要祕書，甚至早在陳唐山甫當選縣長時，就有意讓張田黨主導部分人事案。但張田黨回稱：「民進黨如果還來這一套，就不是民進黨了。」因此婉拒陳唐山的邀請。後來陳唐山說，如果不是張田黨一開始就拒絕入縣府，首任副縣長也可能會是他。如果再往前推，陳唐山尚未成爲民進黨台南縣長候選人時，民調上也一度有張田黨的名字，但這些都已是陳年往事。

十九、勝利之前的苦果

其實在陳唐山代表民進黨攻下台南縣長之前，曾有一次令人情緒低落、仿如癱瘓的敗選經驗。那是一九九一年的國大代表選舉，台南縣擬選出九席，當時國民黨氣勢正旺，提名足額，民進黨也推出先前縣長選舉落選的李宗藩、劉輝雄等人參選，但九席之中僅拿下兩席，也就是劉與李，這讓準備就任縣黨部主委的張田黨爲之傻眼。

「我爲了搶得好頭采，卯足了勁到處演講，每天趕十幾場，幾乎拚了老命，卻落得如此結局……」選舉結果讓張田黨落寞不已，由於挫折太大，整個人如罹患重病一般，完全提不起勁來，躺臥床上足足一個星期，「食不知味、寢不成眠」大概就是這個滋味。後來他才慢慢復甦，重新振作，面對繁雜的黨務工作。

後來，當選的劉輝雄因涉及竊盜案件以及司法黃牛案遭到起訴判刑。至於李宗藩則是在當選國代之後的第二年，也就是一九九二年間，被檢查出罹患肝癌末期，隨後就撒手人寰。

「我曾經私下問李宗藩博士要不要討回公道？」一九八九年，李宗藩代表民進黨參選台南縣長，不幸落敗，張田黨曾多次詢問李宗藩要不要再度投入縣長選舉。但李宗藩意興闌珊，完全沒有捲土重來的意願。也因此，原本張田黨有意邀請他來擔任民進黨台南縣黨部主委，化解當時多人競爭主委的僵局，但被他婉拒了。不久後，李宗藩總算在國大代表選舉中稍稍扳回一城，可惜當選就職不久即因罹癌過世。

值得一提的是，一九八九年的台南縣長選舉，是一場典型的國民黨、民進黨激烈對峙的選戰。留日農業博士李宗藩獲得民進黨提名，返回故鄉台南縣投入縣長選舉。李宗藩擁有東京帝大博士頭銜，外表福態，人緣頗佳，他的牽手安井實千子，也是一派日本溫柔女子的形象，投入選戰即造成旋風。他的對手是國民黨尋求連任的縣長李雅樵，被李宗藩逼得趕緊喊出「房子建一半，不可換師傅」企圖穩定選情，競爭激烈可見一斑。

雙李對決，一直纏鬥到最後一刻，勝負仍在未定之天。選舉投票日當天，雙方人馬部署在台南縣各鄉鎮市，密切注視開票結果。隨著一鄉一鎮選票逐漸開出來，李宗藩一路緊咬李雅樵，票數都沒有拉開。設在學甲鎮慈濟宮前方民宅的李宗藩競選總部氣氛十分緊張，但又夾雜著興奮的氣氛，因為當下剩永康市尚未開出票數，而李宗藩僅以些微差距領先李雅樵。

「會贏喔！會贏喔！」支持群眾已快按捺不住情緒，甚至有人偷跑，拿出鞭炮開始燃放，遭到總部人員制止。但永康票匭一直沒有消息，再加上有支持者打電話通報永康市部分地區疑似斷電，可能影響到開票。這些未經證實的風聲一傳出來，立刻造成現場騷動，眾人議論紛紛：「國民黨又在作票了！」等到深夜時刻，永康的票才開出來，但選情遭到逆轉，國民黨候選人贏了七千多票。

「可惡！又被耍了！走！到縣選委會抗議！不能就此罷休！」「我們要封存票匭，查個明白！」「國民黨專門出奧步！這次要讓他們嘗嘗苦頭！」李宗藩的支持者從四面八方湧至學甲鎮競選總部，你一言我一語，嚴重質疑作票影響選舉結果，群情激憤，衝突大有一觸即發之勢。

「我們到選委會問個清楚，請大家跟著競選總部宣傳車，一起到新營。」競選總部工作人員持麥克風向憤怒的群眾喊話，在總部戰車的前導之下，群眾隊伍浩浩蕩蕩出發，由學甲前進新營。設在新營市縣治地的縣府中正堂開票中心依然燈火通明，警方人員還沒有獲得警訊，仍三三兩兩聊天，選委會工作也準備收尾。但此時突然有人傳來訊息：「李宗藩支持者要來抗議了！」警方才忙著往上通報，選委會人員則密切注意現場變化。

「我認爲那次選舉有問題，可惜缺乏具體證據，只能要求封存票匭進行驗票。」張田黨當時擔任縣黨部評委，從頭到尾關心選情，拚命助講輔選，不料大選結果如此，讓他難以置信，認爲其中有蹊蹺。只是當年民進黨只能相信地檢署的驗票，投、開票過程有無瑕疵，並沒有進一步掌握證據。但每一位民進黨員與支持者心中的問號，卻愈畫愈大。

回想起這次選舉，張田黨當時正擔任縣黨部的評委召集人，參與黨部事務甚深，熟諳縣內政治運作，獲得黨內人士倚重。一九八九年，同時有縣長、立委、省議員選舉，尋求蟬聯的省議員謝三升盼張田黨擔任競選總幹事，立委魏耀乾也邀他出任競選總幹事一職。但張田黨一一婉拒說：「實在很抱歉，立委與省議員操盤任務並不是非我不可，對我而言，能夠贏得縣長選舉，意義才重大。」張田黨認為，民進黨從來沒有贏得縣長選舉，投入輔選縣長很重要，一旦攻下寶座就是翻轉台南縣之始。

當時李宗藩剛從日本返回台南縣，選務、人脈都從零開始。具有使命感的張田黨一肩扛起輔選重任，與時任縣黨部執行長的陳耀，兩人開始負責策劃工作，規劃選舉活動，在卅一鄉鎮市到處演講推銷縣長人選李宗藩，也一併輔選立委魏耀乾、省議員謝三升。

「李宗藩學歷顯赫，外形斯文，很好推銷。」張田黨與陳耀拚老命巡迴各政見場，雖然一開始選民冷眼旁觀，但到後來人潮愈聚愈多，吸引許多農、漁、工人前來聆聽，甚至有愈來愈多的公務人員私下站在政見場周邊的陰暗角落聆聽政見。大家眼神交會，彼此露出會心一笑。那種即將形成旋風的氣氛愈來愈強烈，也讓張田黨、陳耀信心十足。

「有一場在玉井舉辦的政見會，萬人空巷，現場人山人海，這在山區很罕見，也凸顯選情大有瞬間翻盤的可能性。」張田黨記憶深刻，在主持人陳耀上台稍作引言之後，把麥克風交到張田黨手中，但因為李宗藩拜訪行程延誤，加上當時還沒有興建快速道路等便捷交通網，他簡直拚了命把畢生絕學都賭上了，撐了一個多小時的場子。眼見人還沒到，張田黨硬撐講到喉嚨當場沙啞。沒想到台下居然有群眾立刻購買喉糖讓他服用，鼓勵他繼續撐到李宗藩到場爲止，那份熱情令人動容。

投開票當天，民進黨人均抱持審愼樂觀的態度，深信只要對手政黨不使出奧步，李宗藩就有機會爲民進黨在台南縣攻下史上首次的縣長寶座。隨著時間過去，各鄉鎮市逐一開出選票，雖然票數沒拉大差距，但李宗藩領先之勢很穩定。不料壓軸的永康市票甌遲遲開不出來，綠營支持者隱約感到氣氛不妙，結果不幸言中。永康開票結果讓國民黨逆轉翻盤，也導致民進黨群情嘩然。

李宗藩率支持者包圍縣府，但一直沒有獲得滿意的答覆，選務相關官員逐一被「請」上宣傳車，被要求說出爲何開票過程會延宕？中間是否有作弊？這些官員驟然面對群眾，一臉緊張，支支吾吾應答，旋即引發群眾嘩然騷動。他們每次發言幾乎動輒得咎，甚至有人持競選旗桿戳過去，官員們如同身陷叢林的小白兔，臉色蒼白驚惶，不知接下來將面臨何種下場。

台南縣警方情資未能充分掌握選舉動態，沒有預先部署優勢警力以待，第一時間完全沒反應過來，導致事態愈見擴大，縣府廣場擠滿群眾，縣選務單位、人員全部曝露在動盪的氣氛之中，毫無安全間隔。隨著狀況發展愈來愈棘手，警方不斷增援部隊，試圖建立起防火牆。

「不准！不能這樣，請馬上帶走。」此時的張田黨，正在縣府廣場驅趕一批激進分子。由於群情激憤，有人帶來六桶汽油準備潑灑建築物，火攻縣府，宣洩憤怒情緒，部分支持者見狀竟也一旁起鬨。幸好汽油桶尚未開封之前就被張田黨發現，他撥開人群趕過來厲聲制止，喝令不得造次。張田黨嚴正表示，大家對開票結果都不滿意，但應請主管機關說明即可。今晚在場稍稍發洩怒氣，點到爲止，不可製造事端。在張田黨極力制止之下，對方才把六桶汽油帶離現場，沒有進一步釀禍。

事實上，這是台南縣首次在選舉投開票日發生群眾事件，警方毫無準備，前來聲援的支持者以及看熱鬧的民眾，在沒有受到任何約制的情況之下，陷入歇斯底里狀態，盲目地跟著麥克風情緒起伏，暴力流血事件一觸即發。

「走！既然得不到官員的答案，我們上中山高速公路去擋車子，讓全國民眾共同關心這件選舉醜聞。」民進黨內部察覺事態嚴重，群眾如瘋狂的蠻牛，橫衝直撞、危險萬分，縣議員謝錦川心生一計，登高一呼，帶領群眾逕往高速公路新營交流道而去，準備上高速公路擋住車流，也順勢帶領部分民眾離開縣府廣場。

此一提議，吸引了大半群眾跟著衝往高速公路新營交流道。此舉雖然有利於警方進駐縣府廣場部署警力，但是大批群眾新鮮感十足地逕往高速公路而去，卻也隱藏危機。警方派員尾隨防範脫序，爲之疲於奔命。不過沒過多久，群眾又漸漸回流縣府廣場，再度擠爆廣場周遭。

「衝！」由於訴求未能獲得滿意答覆，群眾完全不想離去，而警方鎮暴部隊臨時也無法成軍，對峙僵局根本無解。時任民進黨台南縣黨部主委的潘輝全，一直站在第一線指揮控制全局，代表群眾和官方對話。群眾形同要求官員承認作票，官員則僅能同意行政驗票，雙方對話沒有交集，潘輝全也漸漸無法安撫群眾情緒，鼓譟聲此起彼落，情勢千鈞一髮，而官方與警方並沒有更好的辦法紓解困境。

隨著潘輝全一聲令下，群眾蜂湧向前，一波接一波，由縣府廣場推擠到縣府一樓建築物。警方趁隙部署在縣府大門口的人員，相形之下嫌得太過單薄。群眾如潮水湧至，瞬間越過警方防線，直接衝入縣府辦公廳舍。玻璃碎裂聲、翻箱倒櫃聲、刺耳的撞擊聲響劃破夜空，廳舍設備應聲遭搗毀，電話、傳眞機、飲水機、辦公桌椅全遭破壞殆盡，猶如陷入無政府狀態。

一時之間，警方束手無策，群眾滋事後也不想離開現場，形成僵局。從白天持續到午夜，又從午夜直到黎明，一天之內，經歷開票、包圍縣府、砸毀官署事件、官員遭挾持暴力相向……群眾不斷發洩怒氣，但事件仍舊無法落幕。李宗藩於是率領群眾就地靜坐抗議，潘輝全等幹部也準備接力抗議，一副不信公理喚不回的態勢。此時群眾沒有再進一步發動抗爭，讓外縣市支援警力得以部署蛇籠、拒馬，將群眾隔離在縣府外圍，現場才慢慢恢復秩序。只是縣府辦公廳舍已經一片狼籍，滿目瘡痍。

時任民進黨主席的黃信介聞風趕至台南縣政府廣場，針對疑遭作票的情事，要求檢方封票匭進行行政驗票，當然也對堅持待在廣場不願離去的民眾加以勸解，對峙之勢才稍見鬆動。在發表誓言追出眞相的聲明書面之後，群眾才漸漸退出縣府廣場，由群組漸趨零散，整個抗爭活動到第三天才落幕。

後來，潘輝全等爲首分子均遭法辦，而縣警局處置失當，相關首長亦遭撤換。此後，台南縣每逢縣長選舉等重大選務工作，一定在縣府周遭部署蛇籠、拒馬，也視情況進駐警力，防範歷史重演。

雖然國民黨贏了那次縣長選舉，但是歷經民眾包圍縣府三天兩夜後，凸顯出選舉作業瑕疵，印證長期以來傳聞的「作票」似有其事，對於人心的衝擊頗大。事件擴散的層面也由點而面，讓國民黨的選舉優勢漸漸不再。終於到了一九九三年縣長選舉，由陳唐山一舉扳倒國民黨。

張田黨與曾中山夫人（左一）、李宗藩（左二）、太太鄒宜瑾（右二）、謝錦川夫人（右一）合影。

廿、垃圾大戰

除了選舉的勝敗，在政黨交替之際，還發生一件關乎民生的大事，即「王田垃圾掩埋場」事件。

「永康與新化交界的王田垃圾掩埋場，有如垃圾山，最嚴重的是不斷失火冒出濃煙，危害地方民眾健康。但地方縣政府主管機關卻不聞不問，讓人痛心！」張田黨說，當時國民黨仍執政，民眾迭有反映，但縣府環保局充耳不聞。縣黨部為了替當地居民解決攸關健康的污染問題，一方面也強化基層支持群眾，決定插手向當局施壓，找出解決辦法。

王田垃圾場是一處掩埋處理場，隨著永康與新化不斷發展，垃圾量激增，垃圾進場管控不再嚴格，原本的掩埋方式也愈見鬆散，能夠運用的空間愈來愈狹窄。胡亂堆置的垃圾山，或因沼氣遇火苗發生火警，或出於人為燃燒，過量的垃圾化為灰燼，藉以爭取更多的堆置空間。然而垃圾露天燃燒所產生的廢氣，卻隨著季節風飄散威脅永康、新化兩地的住家環境衛生。

「許多居民染患呼吸道疾病，或者肺部生病。」張田黨領隊深入新化鎮各里舉辦座談會，基層民眾反應肺部疾病愈來愈嚴重，到了十分不堪的地步。然而，針對如何解決垃圾山與不斷燃燒的問題，黨部就教當時的環保局長郭枝南，獲得的答案竟然是雙手一攤，沒有及時處理的方法，更沒有徹底解決的辦法。

張田黨率縣黨部執行長李俊毅，一面與新化鎮代表會、鎮公所溝通如何處理垃圾山，一面找環保局長懇談，希望不用透過非常手段，就把棘手的垃圾山剷除。可惜禮物不會從天上掉下來，權益永遠要爭取才能獲得。張田黨與環保官員對談，愈談愈灰心，因爲官員不住在永康與新化，完全不把地方民眾迫切的危機放在心上，多次對話沒有進展之後，張田黨決定放手一搏。

「經過地方座談之後，已激起民眾同仇敵愾，決定不再姑息垃圾山。」張田黨說，即使當時的新化鎮長屬國民黨籍，鎮代表會主席雖無黨籍但傾向藍營，但是剷除垃圾山的砲口一致，決定支持民進黨大動作抗爭遊行，要一舉剷平垃圾山，否則民眾健康將不保。下定決心之後，張田黨策劃大規模遊行，凸顯垃圾山問題的嚴重性，而最終則是運用機具封鎖垃圾山，不讓垃圾再進入堆放。

「動員大遊行，繞經永康與新化，引起很大迴響。隊伍綿延達一公里，十分壯觀，也顯示居民再也無法容忍垃圾山的存在。」張田黨與縣黨部執行長李俊毅站在指揮車上，率領隊伍前行，手持麥克風，沿途演講剷除垃圾山的訴求，許多民眾豎大拇指表達支持之意。

不料，這個合法申請的遊行竟然引來黑道分子不滿。研判是因爲掩埋場管理鬆散，即使是不合法的廢棄物，恐怕也趁機混水摸魚傾倒進來，抗爭遊行與封阻清運影響道上分子牟不法利益。因此，當遊行指揮車經過永康時，一名綽號「白兔」的縱貫線角頭，居然駕車衝撞指揮車，引來一陣騷動，遊行民眾群情嘩然。唯恐釀生意外，張田黨立即報請維持秩序的警察人員介入處理，所幸沒有發生意外，遊行隊伍也順利抵達王田垃圾場。

張田黨見民氣可用，馬上叫來混凝土車將進場道路大門以混凝土澆灌，強行封鎖，並搭起帳蓬派員全天候輪流進駐守候，阻絕所有垃圾車入場。當時，道上分子十分囂張，衝撞指揮車不成，轉而恫嚇駐守垃圾場的志工人員，顯示垃圾場管理確實出現很大問題，難脫非法利益勾結之嫌。

為了王田垃圾場的處理問題，張田黨在永康召開協調會。

圍場持續了一個星期，但縣府非但沒

有解決問題，反而派遣警力保護怪手企圖突圍，進入垃圾山，十分可議。只見張田黨等十餘人手勾手緊緊靠在一起，以肉身全力反抗，警方無計可施，只好放棄以強硬手段驅離。

隨著時間過去，事情愈來愈大條，仍然不見環保機關出面關切，於是張田黨想出一個好辦法：以清運車裝滿垃圾，載到台南縣政府前面的廣場，直接傾倒在廣場之上，一時臭氣沖天，公家門面充斥穢物，讓公務人員也聞一聞垃圾的味道，喚醒他們處理公務的機能，成爲轟動一時的社會新聞。縣府龜縮的態度經此一大動作，才漸漸有了積極回應，證實「蠟燭不點不亮」。

後來，由主管機關在永康市公所舉行座談會，邀請受害的永康與新化兩地民意代表與會，同時也邀請民進黨台南縣黨部主委張田黨、立委魏耀乾共同協商怎麼善後。然而，可能出於私人利益作祟，永康一位在地縣議員見到張田黨，竟然當場抓狂，對著在場民眾高呼：「你們家垃圾沒辦法傾倒就是這個人害的，現在他在這裡，你們盡管動手腳！」場面爲之騷動。

「誰敢動張田黨一根寒毛就試試看！」新化鎮代表會成員挺身護衛，氣氛緊繃，火藥味十足，接著雙方發生拉扯與肢體衝突，也不斷地互相叫罵，場面紊亂不已。「咱鄉親大家冷靜！今天大家都是受害者，來這裡是爲了解決問題，不是來打架滋事。」張田黨持麥克風登高力勸大家冷靜，才把快要打群架的雙方勸解開來，回到協調桌上。

幾經折衝後，決議人口較多的永康市垃圾先送到別處處理，新化也一樣做好垃圾清運，暫時都不要進王田垃圾場，讓終日燃燒的垃圾大火熄滅，同時請縣府做好規劃清運，以免垃圾山不勝清理，成爲地方環境的惡瘤。最重要的是，經由民進黨縣黨部主導，請黨籍立委魏耀乾出面，邀請環保署官員到場勘查，王田垃圾場已不敷使用的情況始正式浮上檯面。加上張田黨等人搭帳蓬駐守，也讓官員意識到不解決不行。

環保署官員肯實地了解王田垃圾場使用情形，讓事態終有轉圜餘地。環保局答允撥款三億元，清運王田垃圾山、興建永康焚化爐以及新營焚化爐，徹底解決垃圾山問題，讓民眾不再噩夢連連。最後，新營焚化爐因爲地方民意反對，沒有興建，只建了永康焚化爐，也順利清理掉王田垃圾山。

事件圓滿落幕之後，仍有官司插曲。先前張田黨率眾遊行遭到綽號「白兔」的道上分子駕車衝撞事件，後來被移送法辦。在法庭上，白兔聘請一位年輕女律師辯護，張田黨也出庭作證。法官詢問案發狀況，張田黨一五一十如實回答，年輕女律師僵在當場，不知所措。沒想到這時「白兔」卻當庭嚎啕大哭，讓法官與在場者傻眼，後來白兔被判刑十個月。

而王田垃圾山展開清運後，又一次成爲各方覬覦的大餅：環保官員的親人、地方民代的胞弟等相關人士爭相啃食。當時對處理垃圾山態度消極，且一再阻撓民進黨與地方座談會者，居然搖身一變，成爲清除垃圾的廠商，大撈特撈，結果也產生弊端，引來檢調查察，後來均遭法辦判刑。「這個結果直叫我瞠目結舌。」張田黨率眾抗爭獲得圓滿結果，退出是非圈作壁上觀，眼看這些人的下場，只能搖搖頭。

此外，抗爭運動的時間點落在政權交替之際，國民黨在台南縣執政已是強弩之末，民進黨推出陳唐山氣勢如虹，最後贏得執政權。國民黨執政時期的環保局首長消極不作爲，張田黨等民進黨人士均認爲十分不適任，亟待換新人，以提振環保局士氣。

豈料，在陳唐山就任台南縣長的典禮中，這位環保首長居然大剌剌端坐在前來觀禮的前台南市長張燦鍙旁邊，有說有笑，一副熟透了的朋友一般，此情此景讓坐在台下的張田黨不敢相信。經過探聽才知道，原來這位首長與張燦鍙是高中同學，而張燦鍙與陳唐山均屬美國台獨聯盟的重要幹部，兩人交情甚深。雖然這位環保首長攀上這層關係，張田黨仍多方建言陳唐山宜考慮適當人選，予以汰換，以確保台南縣環保問題不瀕於惡化。

民進黨台南縣黨部率領地方民眾抗爭，施壓地方政府達成保護環境的目標，備獲好評，形象一新，也贏來民進黨中央黨部的肯定。張田黨獲邀赴黨中央做報告，此一抗爭過程也成爲黨中央要求各地方黨部借鏡的典範。

廿一、執政但也備嘗苦頭

陳唐山挾高人氣當選台南縣第一位民進黨籍縣長，風光上任。但是縣議員選舉結果，民進黨籍僅僅兩位當選，形成「朝小野大」的局面。陳唐山在縣議會與藍營議員答詢攻防時，引爆藍營壓力鍋——多年來面對自己陣營的縣長，突然來了一位美國返鄉的綠營首長，這讓藍營議員十分有氣。

「朝小野大的痛苦，在陳唐山剛當上縣長時最爲清楚。」張田黨輔選有功，但沉浸在喜悅之中沒多久，就發現台南縣議會只有兩席自己人。原來，不但縣府內局處首長藍營居多，連最高民意殿堂也一樣，簡直到處都是異樣眼光，盯著這位海外返鄉的台獨縣長。

不過，陳唐山也沒在怕。他曾在美國聯邦政府服務過，對於辦公室文化不會不懂。他也把美式風格帶到縣府，準時上、下班，盡量不加班，贏得好口碑。但如何與來自卅一鄉鎮市的縣議員相處，可就是一大學問，沒那麼容易上手。

事實上，國民黨剛輸了縣長寶座，胸中應該還有一股氣，不太能適應眼前備詢台上居然是民進黨籍縣長的現實，氣氛早就不太對勁，他們顯然非得從答詢中找出破口，大肆發洩不可。也因此，當陳唐山在答詢中不經意地被找出毛病時，藍營議員便認爲縣長不尊重議會，衝突一觸即發，雙方劍拔弩張；而陳唐山爲了兌現政見，推動發放老人年金一案，則更惹怒藍營民代，加大了肢體動作，最終導致藍營民代將他推出議事廳，引發支持民眾包圍議會，聲援被欺負的陳縣長。

「縣長猶處於丈二金鋼摸不著頭腦之際，副議長周五六起身又拉又拽，將陳唐山從議會備詢席上拉起來，推出議會大門……」張田黨認爲，兩種截然不同的意識形態驟然接觸，爆發衝突乃必然現象。就好像常在電視上出現的夏威夷火山爆發的狀況，岩漿一路流下來，進入浩瀚大海裡，乍然接觸刹那，又是氣爆，又是冒煙，熱氣騰騰。

府會鬥爭得沸沸揚揚，民眾早有耳聞，但民眾的反應也超乎想像。當陳唐山縣長從議事廳被推出來之後，他走到府會前方的五號公園，向在綠蔭處下棋的老人們傾訴處境，沒想到民意一下子爲之沸騰！人們認爲是議會議員欺負老實的縣長，消息就此一傳十、十傳百，鄉親相偕赴縣議會聲援陳唐山，把整個議會裡裡外外團團圍住。議員在議席上發聲辯解，聲援民眾就從旁聽席上回應，一來一往，民意力挺縣府的程度，讓民代差點站不住腳。

由於釀生了群眾包圍縣議會事件，警方大爲緊張，動員警力前來維持秩序。除了制服員警之外，也包括便衣刑警，防範滋事。有鑑於一九八九年李宗藩縣長落選事件，因未能在第一時間反制，導致風波擴大，蔓延了三天，驚動國內外，台南縣警察局高層這次不敢大意。

「引人責怪的是，當年警方居然成立了一支義務刑警，叫做維揚大隊，成員以練武人士居多，被動員到縣議會參與協勤時，有人隨身攜帶螺絲起子，準備伺機傷人。」張田黨懷疑這些不明人士在國民黨方面教唆之下，準備不利於抗爭民眾。事實上，也有親綠人員參加這個地下組織，但因爲看不過警方想利用這群人對付赤手空拳的民眾，才向民進黨台南縣黨部提出檢舉。

張田黨爲此事找上台南縣警察局高層，但局長嚴詞否認，強調不可能與這批人掛勾。縣長陳唐山獲報此事，也認爲不可能發生這種事情，而輕輕放過。但是張田黨親獲檢舉人舉證，且出示前來協勤之前拍攝的相關器械，決定不輕易放過，務必要查個清楚。

張田黨聯繫時任立委的施明德、魏耀乾，當面向他們報告警方此一不當舉措，請求立委力挺。如果縣警局方面不提出說明並道歉，法辦相當人員，將在縣警局前面廣場靜坐抗議，直到事情水落石出爲止。張田黨緊咬不放，四度與縣警局長對談，仍無結論，形成僵局，後來在施明德等人的力勸之下，警方態度軟化，由刑警隊發出聲明稿致歉，並保證不會再讓這樣的事件發生，才化解了干戈。

歷經了這個橫生出來的風波之後，陳唐山與周五六不打不相識，隨著時間拉長，雙方藉由事件摸清楚彼此的底細與習性，互相取得諒解，一場議會風波也終告落幕。但自此以後，府會之間的關係反而水乳交融，漸入佳境，令國民黨方面大感驚奇。張田黨認為，其實說穿了，陳唐山為人作風就是直率親切，人緣也佳，歧見自然而然煙消雲散。

陳唐山當年進入縣府的第一件公文批「ＯＫ」，美式作風被媒體報導出來，乾脆俐落，一看就懂，堪稱台灣機關團體第一人，迄今仍引人津津樂道。習慣了「可、閱、來談」等等公文批示的公務人員，私下對陳唐山的風格均頗為欣賞，也因此府內政通、府會人和，氣氛融洽，八年任期屆滿，讓地方十分懷念。後來他高升外交部長、總統府祕書長，又重返立法院，一度還傳言有意回鍋競選台南縣長，逢台南縣市合併才作罷。

陳唐山在台南縣立下執政典範，也印證了當初張田黨眼光獨到，規劃人選十分恰當。從赴美研習活動中挖掘陳唐山，屬意他返鄉競選縣長，到黨內初選意外落居第二，差點無法參選，經張田黨細心找出相關規定、排除障礙，終於底定參選，進而成功把第一位民進黨籍候選人推上台南縣長寶座。而陳唐山也不負眾望，八年任期下來贏得台南縣民口碑，奠定日後綠營長遠執政根基。

「本來我有機會擔任機要祕書職務，但我不想像國民黨一樣，用黨內分贓的方式安插人事，所以婉拒陳唐山好意。但他另邀我擔任兵役協會主任委員，意外促成許多對役男與家屬有利的福利。」張田黨從事任何工作都盡心盡力，在這個被視為酬庸的冷衙門，也做出一番績效。

這個由台南縣政府籌組的「社團法人兵役協會」，編制有專任幹事、祕書，以及兼職的業務人員。主要工作為關注役男及其家屬，讓軍營與家中能相對穩定，健全整個國軍體系，有助於戰力提升，保家衛國。平日業務為對縣內役男受傷或家境變故給予慰助，以前也只專注於勞軍活動、慰問役男家屬等等芝麻小事，有人拿這個頭銜在外招搖，被視為酬庸而已。

「在一個役男受傷的個案中，我發現軍方對服役軍人完全沒有保險觀念，小傷在軍營敷藥了事，重傷外送軍醫院，是否有足夠經費預算支應？或家屬能否負擔龐大的醫療費用？均未納入考量。」張田黨發現，面對這類事件，軍方都只酌發微薄慰問金，比如受傷役男每人一千元至三千元不等。若是不幸發生意外死亡，只發給撫卹金，連基本保險都沒有，實在失之離譜。

「我自己當兵時都知道這是個高風險行業，稍有不慎就可能連命都送掉。因此，更加深我必須替役男爭取保險的構想。」張田黨著手邀請黨籍立委、軍方人員召開「義務役男權益公聽會」。這個史無前例的公聽會讓軍方大感棘手，畢竟強調「主義、領袖、國家、責任、榮譽」的國軍，從中國撤退轉進來台灣，重整旗鼓再站起來已很不容易，更遑論為役男增添保險福利。

爲此，國防部以及相關軍團高層一再與張田黨溝通，希望不要開出此例，有話好說，一切再談。但張田黨吃了秤砣鐵了心，任何高階軍官來訪均不爲所動。「不能有別人家的孩子死不完的觀念。」張田黨認爲，缺乏保險就是缺乏保障，役男曝險率那麼高，每個家長都擔心受怕，如果能好好完成役期，皆大歡喜，自然很好；反之，政府有義務不讓役男家屬獨自扛起這個重擔。

役男權益公聽會如期登場，役男家屬代表、軍方、立委、兵役官員面對面展開意見交流、言詞辯論，成果十分豐碩。這個公聽會成效很宏大，也讓國防部後來從善如流，辦理義務役男基本保險二百萬元，因公或其他補助，最高可以領取七百萬元至八百萬元，完全突破義務役不值錢的觀念。過去民間總流傳軍方草率面對役男死亡案件，但保險制度一經確立，處置態度轉爲嚴謹，大大提升了軍方的口碑。

張田黨（右一）擔任兵役協會主任委員。舉辦在營軍人權利公聽會，推動役男保障。

廿二、交手過招——與謝錦川的競爭

就像自行車前後兩個輪子能平衡順暢騎得快，一旦拆解變成兩輛獨輪車，兩人騎孤輪競逐，不是騎不快，就是摔得鼻青臉腫——這就是張田黨與謝錦川的寫照。離開黨職工作後，回想起兩人爲何不能同心協力，騎得又快又穩？張田黨苦笑著說：「人生有很多不得已，這或許就是其中一種吧！」這句話，也凸顯出張田黨與謝錦川兩人的理念和意識形態完全不同。

「我跟謝錦川一開始眞的交惡，可能是因爲主委競選的緣故吧！日後他一直杯葛我，從惡言惡語相向，甚至黨部開會一言不合亮槍等等，都讓我疲於應付，我們之間彼此牽制、內耗，也把他第一次立委選舉的當選機會給耗掉了。我自己檢討沒盡到主委本分，謝錦川眞該怪我的，但他反而沒有……，如今我們都沒有恨，過去都雲淡風輕了。」憶起兩人過招，張田黨無限感慨。

一九九二年，張田黨從重圍中殺出一條血路，好不容易才登上民進黨台南縣黨部主委的位子。跟他對壘的縣議員謝錦川意外落敗，令外界跌破眼鏡。可能因爲競爭主委失敗的緣故，之後謝錦川屢屢缺席縣黨部召開的執委會議，也使得張、謝兩人沒機會化干戈爲玉帛，關係持續惡化。

「究竟購買台南縣黨部辦公廳舍時，有沒有人中飽私囊？」一九九二年，張田黨就任縣黨部主委，黨內執委會中不斷有人提起這個訊息。執委會追查許久，決定將這議題移交評議委員會進一步處置。謝錦川不滿遭到影射，在評委會召集人陳文獻召開會議時，率領三、四十人到縣黨部表達關切，氣氛劍拔弩張。謝陣營認爲張田黨有意藉機將他開除黨籍，指責張田黨挾怨報復。

距離民進黨創黨才五年多，草創階段的黨，一切人事物都還沒有眞正上軌道，遑論地方黨部充斥烏煙瘴氣的大小事，主事者要有堅忍不拔的毅力，否則難免被牽著鼻子走。張田黨堅持追究募款買廳舍爭議一事，目的就是防範有心人以此斂財，浪費掉好不容易募來的資源，也讓辛苦創建的黨形象蒙塵。張田黨一絲不苟，要爲民進黨樹立典範，但這個決定也讓他面臨暴力考驗。

那天，一群人闖進會議室大聲咆哮，起腳踢翻桌椅，一場評委會尚未開始就瀰漫火藥味。面對紊亂凝重的氛圍，在場的評委召集人陳文獻一臉鐵青，一旁的縣黨部主委張田黨更是臉色凝重。不過，謝方面的人馬沒有收手的跡象，除了叫囂之外，另有人掏出疑似槍枝的物品，重重往桌上一放，重擊聲震驚四座。

張田黨這一方有人瞥見這黑黑的重物，趕緊抽身打電話找救兵，不到五分鐘，聲援者趕到現場，也同樣腰際鼓鼓，攜帶疑似槍枝之物，一抵達現場就要擠進人聲鼎沸的台南縣黨部評委會議場。張田黨乍見情勢緊張，不願讓事態擴大，於是趨前用身體加以圍堵，低聲喝斥：「再鬧下去，是要讓民進黨變成幫派流血的場所嗎？」一邊用力將聲援人馬往外推。所幸兩幫人馬沒有碰在一塊，否則接下來要上演什麼戲碼，很難逆料。謝方面的聲援人馬眼見形式占上風，吆喝退場，走到縣黨部外面，看到陳文獻的自用小客車就起腳力踹，將好好的車體踹出一個凹洞。

在這個紊亂的過程中，張田黨力持鎮定，謝錦川也冷眼旁觀，一場因競選而來的爭戰仍持續中，而且大有從冷戰轉爲熱戰的跡象，讓所有人爲之心驚膽顫，就怕一個閃失釀成不可收拾的下場。幸好張田黨夠呑忍，謝錦川也點到爲止，沒有釀成槍擊流血事件，僅止於口頭暴力，算是不幸中的大幸。謝錦川後來也爲自己的脫序行爲口頭致歉。

事實上，張田黨與謝錦川的衝突，早於一九九一年的國大代表選舉提名時就開始延燒。「我上任時，國大代表選舉提名人選已定，溪南、溪北各提名三席共六人，以民進黨在台南縣僅占十九％，提名策略根本昧於事實。」張田黨提到自己上任之初，乍接這份名單差點昏倒，除了擬訂輔選策略之外，還得面臨同黨同志的挑釁，內外交迫，情勢只能用焦頭爛額來形容。

當年溪北提名謝清文、劉輝雄、黃憲清，溪南提名蘇煥智、李俊毅、李宗藩，張田黨希望李宗藩退選，接掌縣黨部主委職務，並準備東山再起，再一次投入縣長選舉。然而李宗藩不願放棄己念，執意投入參選國代。張田黨認爲，如果李宗藩不選，溪南兩席參選人蘇煥智、李俊毅都年輕有幹勁，形象佳，大有可爲，但事與願違，只能硬著頭皮輔選。

張田黨順勢而爲，拚老命爲六位候選人輔選，也因此，當候選人之一的劉輝雄後來涉及竊盜案、司法黃牛案時，讓張田黨十分失望。他對劉輝雄年少得志、恣意妄爲，亦多所批評。例如劉在縣選委會辦理登記時，曾發生推擠事件，劉的眼鏡掉地遭踩碎，後來愈鬧愈大，竟稱下體遭腳踹而倒地，被送上擔架就醫。

對於好惡分得特別清楚的張田黨不諱言，劉在競選時曾多次製造事端，刻意擴大衝突之意圖十分明顯，讓人不敢苟同。張田黨對於同黨同志相挺，向來不遺餘力，更不可能對被欺負的同志不聞不問，一定想盡辦法討回公道。然而，這回他對劉輝雄事件卻有所保留，僅低調處理。選舉結果揭曉後，溪北劉輝雄、溪南李宗藩兩人當選，但李宗藩就任第二年即罹癌去逝，劉輝雄也發生諸多離譜行爲，最後落得鋃鐺入獄，令人扼腕。

國代選舉結果雖然不理想，但選票有增加，從十九％增至卅四％，原本預料接下來一九九二年的立委選舉應該大有可爲，但結果卻不盡人意。箇中原因除了大環境仍未轉變之外，張田黨與謝錦川之間的恩恩怨怨未了，也是其中一因。這一年，台南縣應選五席立委，民進黨提名現任的魏耀乾、新人蘇煥智以及謝錦川，但僅當選魏、蘇兩席。

「我希望提名名額盡量擴充，以達到最大能量。」一九九二年立委提名角逐戰前夕，主委張田黨與執委會成員在商談中吐露輔選動向。當時台南縣五席立委中，民進黨僅魏耀乾一席現任，經過先前國大代表選舉，民進黨吸票能力大增，張田黨盤算提名三席，但有意投入參選者都希望只提兩席，以確保當選。

當年立委提名必須通過黨員初選，有意投入參選的謝錦川、蘇煥智都招攬不少黨員，期待一舉突破門檻。如果按照地緣關係，謝錦川占溪南地利之便，蘇煥智占溪北，一南一北，輔選最易奏功，因此，他們強烈表態希望黨部提名兩席就好。不過張田黨有其他考量，尤其現任立委魏耀乾表現不差，在當年國民黨籍立委環伺的環境之下，魏總能以一夫當關之姿，護航立法院內綠營要員如陳水扁、謝長廷，甚獲倚重，張田黨盼提名名單內有魏耀乾，以符合需求。

張田黨請蘇煥智體恤立法院的情勢。再說，不提名現任立委，恐也不符各方期待，因此，張田黨私下請蘇煥智挪出部分黨員票協助魏耀乾，確保魏在黨員初選時過關，然而蘇煥智不允承諾。事實上，魏耀乾、蘇煥智均出身北門區，地緣重疊，彼此勢成競爭，根本難以相輔相成，遑論分出黨員票挹注對方。一旦進行黨員初選投票，可以預見僅握少數黨員票的魏耀乾勢必屈居下風。

但掌握縣黨部執委會的張田黨認爲，民進黨在台南縣的票源經歷國代選舉後成長近一倍，應該要更有企圖心才對。爲此，在執委會充分討論之後，也支持他過半提名，應選五席提名三席，乘勝追擊，擴大戰果。執委會確認提報中央黨部之後，張田黨前往中執委提名會議報告，果然台南縣過半提名引發熱烈討論。張田黨報告之後，他的構想獲得認同，中執會投票最後依十二比十一的些微比數，通過了提名三席的提案。

消息傳回南縣，不但對手國民黨嗤之以鼻，認爲民進黨狂妄過頭，居然想一次扳倒執政黨。黨內兩名新人蘇煥智與謝錦川更是不服氣，蘇煥智支持者不斷打電話發洩不滿、指摘提名不當等等，讓張田黨疲於應付。後來競選活動開鑼，蘇陣營對張田黨輔選作爲毫不領情。

謝錦川和張田黨之間本來就有心結，提案一出，更讓他對張田黨的提名策略大表不解。事實上，按照常理，台南縣溪北現任一席，溪南增加提名一席，提名兩席等於成長一倍，相對也比較有勝算，是最穩健的操盤方式。換言之，張田黨若偏私袒護謝錦川，按照這個構想，謝錦川占溪南永康人口稠密區，只要選戰中不出差池，幾能穩穩當選。

可惜，張田黨與謝錦川不和，黨內幾乎人盡皆知。戰線從主委選舉一直延伸到黨內各次會議，勢成水火，奢談和諧共處，遑論徇私袒護。所謂成敗論英雄，選舉策略盤算不只一端，端視操盤者怎麼想、怎麼說，一切以選舉輸贏評斷。因此，張田黨強調，過半提名是爲擴大戰果，爲黨爭取最大化，但也有人評爲「膨風」。不管如何評價，最終則依選舉結果論定。

由於魏耀乾與蘇煥智均出身台南縣北門區，兩人都以人口稠密的佳里鎮爲大本營，票源重疊之故，除了要鞏固本身票盤之外，還必須往外攻城掠地，選戰打起來會特別艱辛，因此不斷詢問提名方案是否有轉圜餘地，以利解套。

然而，立委選舉提名方案已由黨中央敲定，絕非兒戲，再怎麼不能接受都已成定局，只能像過河卒子拚命往前走。選戰開打，蘇煥智選擇抗繳水租議題全力爲農民爭權益，引起廣大農民響應，知名度大開，加上台大法律系畢業，出身律師，形象清新，選戰愈打愈順，氣勢一路遙遙領先。

「憑良心說，我願意被檢討沒有盡到替謝錦川輔選之責。」張田黨在立委競選期間，到處爲同志站台輔選，不過難得幫謝錦川說幾句話，任讓選情自然發展，幾乎沒有主動替謝多講好話，更未製造高潮。張田黨認爲，依黨部主委負輔選之責，謝錦川可以好好指摘一番，然而，他似乎也不當回事，沒有針對黨部輔選「冷處理」提出撻伐。

反倒是蘇煥智由於不滿提名策略，當張田黨多次熱心跑到政見會場準備好好幫他助講拉抬選情時，蘇陣營都採取冷淡以待的態度，讓張田黨碰了一鼻子灰。後來他也只好盡量少去蘇的場子。事實上，由於蘇煥智選擇抗繳水租議題，博得相當好評，選情日愈加溫，後勢看好，因此也不乏各方助講人士。

選舉投票結果，蘇煥智拿到十萬餘票，是第一高票，魏耀乾占現任優勢，也有七萬餘票，兩人都順利當選。但謝錦川只拿到二萬餘票，可惜落敗。如果輔選策略能夠稍作調整，三個人的票數加起來，完全足夠拿下三個立委席位，這顯示民進黨在台南縣的確有搶下三席立委的實力。之所以未能擴充到最大化，更凸顯出張田黨與謝錦川不和，眞的是致命傷。

「我一再強調願意反省輔選失策之處，但是，誰能忍受從競選主委的第一天開始，就不斷遭受詆毀、率眾滋擾，可以說衝突一波接一波，永無寧日，主委任內如坐針氈。」張田黨仰天興嘆，自認出身就不是含金湯匙的命，從擔任醫師助手到服兵役、踏入社會工作、參與社會運動，處處受到掣肘。然而再怎樣不順利，也都咬牙撐過來了。主委是實踐理想的一份職務，卻也備受牽制，那份來自草根的韌性，選擇不服輸、不低頭，盡管輔選立委不到位，但卻徹徹底底出了口鳥氣。

後來在執委會議中，張謝二人仍然衝突不斷。因爲縣長選舉後，緊接著要進行縣議員選舉，縣黨部執委會準備提名作業。此時，出身農家的白河區民進黨忠貞黨員曾中山，對民主政治十分熱衷，積極參與黨內各類活動，亟盼獲得黨的栽培。張田黨完全知道曾中山的意圖，也很願意拉他一把。因此，縣議員選舉提名，張田黨心中暗暗盤算規劃曾中山一席，另外再提一席，共兩席。

按常理，主委只要掌握足夠席位的執委，要左右提名人選是一件輕而易舉的事。尤其是縣級的選舉可以完全由縣黨部主導，基本上黨中央不會過問，因此，張田黨有相當把握，可望在執委會中讓曾中山出線。然而，同是執委的謝錦川也有自己屬意的人選，堅持白河區只能提一席，不要提兩席，以免票源分散。

謝錦川十分執意白河區提一席之己見，在執委會中發飆，針對張田黨與執委會成員擬提兩席的意見，拍桌怒罵。張田黨也沒有退讓，針鋒相對之下，雙方又爆衝突。這一回執委站在張田黨這邊，跟謝錦川擴大爲肢體暴力，最後動粗者均吃上官司，而謝錦川支持的人選雖獲提名，卻以高票落選。

但經過這件事，張田黨反而逐漸釋懷，他決定不再陷入那個充滿怨懟的場域。人生起伏本無常，執著只會自陷泥淖，難以翻身，日後再遇到類似的場景，他選擇轉頭信步離開，好似完全與這檔事毫無關聯，這個對手完全不存在。此後，敞開胸懷，反而愈來愈覺得海闊天空，看事情愈透徹，做決策愈明快，原來怨恨是容易牽絆人的，不快步離開，最終可能就栽在原地，難以再向前行。

一九九五年，第三屆立委選舉時，謝錦川捲土重來，但是他沒有在地方初選時出線，亟思在黨中央翻案。當時現任立委魏耀乾對政治產生倦怠感，退出立委選戰，準備接掌黨中央財務工作。謝錦川翻案動作頻頻，除獲部分中執委支持，也成功贏得魏耀乾的信賴，還透過魏耀乾請時任中執委的張田黨不要在會議中作梗。

「當年我在中執會中確實有點分量，包括謝長廷也都很挺我。」張田黨說，魏耀乾寫了一張條子壓在他座位桌子上，懇請他高抬貴手，助謝錦川一臂之力。張田黨要魏耀乾自己想清楚，若確定不選，他一定會加以考量，同時，謝長廷也私下詢問張田黨：「要不要幫謝錦川這個忙？」

一番鋪陳之後，加上張田黨心中確實已經無恨，謝錦川成功在中執會翻案獲得立委提名，這一回終於如願以償，順利當選立委。這一波三折、得來不易的立委頭銜，讓謝錦川嘗到勝利果實，然而長袖善舞的結果，這一屆立委下來，也種下難以順利蟬聯的惡因——謝錦川於第四屆未獲提名，改依無黨籍競選落敗，第五屆改投台聯黨也無法闖關，倒是他的女兒謝欣霓從台南縣轉戰台中，當選第六屆立委。

張田黨與謝錦川之間的風風雨雨，就像一頁頁歷史，不管多恨多怨，時過境遷，人事俱非，皆已成過往，只留下談資。重要的是，張田黨主委任內完成歷史性任務，輔選陳唐山當選台南縣第一位民進黨籍縣長，而謝錦川也順利一了心願，當選立委，就結果來看，兩人都很成功。儘管過程中有許多波折，但人生不就是如此嗎？所謂「一帆風順」只是祝福的話，真能一路坦途登頂的沒幾人，恩怨曲折，就當成故事精彩的必要元素吧！

廿三、陳定南與我

「這輩子贏得有『青天』美譽的陳定南認同，並在中執委的激烈競爭中投了我一票，讓我倍感欣慰。」張田黨卸下民進黨台南縣黨部主委之後，逢一九九四年台灣第一次省長選舉，他擔任陳定南台南縣競選總部總幹事，全力扛轎。最後選舉結果出爐，台南縣是陳定南得票數僅次於故鄉宜蘭縣的縣市，兩人因而建立起深厚交情。陳定南後來也投桃報李，在黨中央執委選舉中力挺張田黨。

一九九四年，台灣舉行第一屆省長選舉，這是有史以來第一次由全台灣人民投票選出自己的行政首長，結束傳統的官派首長慣例。國民黨由官派省主席宋楚瑜直接參加省長選舉，宋爲時任總統李登輝所倚重的左右手，李全力拉抬，讓有意爭取黨提名的吳伯雄鎩羽。宋得到當局厚愛，加上官派省主席以建設經費布局全台灣，聲勢驚人。

民進黨方面喊出「四百年來第一戰」口號，將這場選舉塑造成與台灣人息息相關的選戰，推出在宜蘭縣治理縣政績效卓著的陳定南參選。藍、綠正式大規模正面交鋒，就從這一仗開始。當時投入選戰的各黨候選人尚有新黨朱高正、無黨籍吳梓、蔡正治。國民黨宋楚瑜競選號碼三號、陳定南爲五號，即使檯面角逐者眾，但萬眾矚目的焦點都鎖定在國、民兩黨候選人，從台灣頭廝殺到台灣尾。

「因爲是有史以來第一次的台灣行政首長選舉，意義非凡，台南縣競選總幹事頭銜響亮，也因此引起各方爭逐。」已卸任台南縣黨部主委的張田黨，面臨前主委林文定、時任律師的蘇煥智、縣議員謝錦川等人爭搶總幹事頭銜，人選敲不定，驚動了蘇治芬前來協調。蘇治芬在台北競選總部擔任幹部，銜命下來處理總幹事人選，幾經協調後，敲定由張田黨挑起重擔。

張田黨一扛下總幹事之責，馬上就在縣治地新營設立競選總部，總部一開張，民進黨台南縣黨部的黨工以及支持陳定南的民眾紛紛聚攏過來。張田黨以下，設執行總幹事李俊毅，以及文宣、動員等等各組幹部，一一到位就緒。除了張田黨以志工身分不支薪外，其餘負責業務者全部支薪，也因此動起來格外賣力。

「要如何凸顯這場『全台首役』呢？台南縣競選幹部集思廣益之後，決定製作夾克、T恤，販賣所得全部投入競選經費。」張田黨與執行總幹事李俊毅等人做成決議，並立即付諸行動。以往常見的競選夾克或衣服，因爲缺乏設計感，穿起來十分土氣，而且胸前與背後印上候選人斗大的姓名與號碼字樣，除了特定競選場合外，幾乎沒有人穿著，失去廣爲宣傳的效益。所以張田黨特別注重細節，要求務必有質感，讓拿到手的人都願意穿在身上，也等於支持候選人。

「四百年來第一戰」的口號響亮，字體也十分講究，印製在夾克與T恤上，顯得豪氣萬千，衣服色調、設計樣式也十分新穎時尚，看起來就是很有質感，讓人眼睛一亮，一看就愛。「這套競選制服在高雄市的一場大型政見發表會中，創下全部賣光光的紀錄。」張田黨說，可見這件衣服的設計很成功，同時也眞正讓大家都愛穿上身，到處都可看見「四百年來第一戰」的文案，大大爲陳定南的選情加分。

「仔細加用心，就能擺脫傳統老套。」張田黨說，在這套競選制服造成轟動之前，沒看過哪一位候選人花大錢採購的競選衣物贏得選民喜愛，還樂得穿上身。以前的競選服裝，多數藏在正式衣物之下，或放在手提袋，等到抵達特定造勢場合再穿戴，根本失去花錢宣傳的意義。這個創舉啓發了許多參選人，要做就做最好，不要半調子，沒效率又白白花銀子。

由於競選制服大受歡迎，供不應求，原本台南縣競選總部的募款餐會已排定許多場，後來彈性減少場次。因爲民進黨舉辦募款餐會，往往都讓競選幹部很頭疼，畢竟不是每一場都能達到預期的募款目標。再說，邀請願意支持的地方大老或企業團體贊助，也沒那麼容易。因此，只要提到募款餐會，大家其實都會倍感壓力。但幸好這件競選制服成功達陣，台南縣預估的競選經費達到六至七成，幾乎已經不用太費心力募款。

然而，這套衣物也因爲太出色而引起不肖業者覬覦，大量仿冒批售至全台各地市場和政見場。仿冒品太多，自然會排擠到正牌貨，張田黨於是組成取締仿冒小組到處查察取締，也在中部查獲仿冒品與嫌犯，報警移送法辦。一套競選服飾，居然引來競相模仿，在歷屆選舉中，算是空前。

台南縣競選總部販賣競選衣物成功，帶來龐大金流，爲了避免人謀不臧，張田黨採取嚴格的審查與會計制度，製作一本本細目帳簿，使每一筆款項都透明而易於稽查管理，也等於沒有浪費支持者的分毫贊助或捐款。這樣的細心處理作業，引起陳定南的注意並肯定。

省長選情隨著投票日接近而逐漸白熱化。候選人全台跑透透，不可能在一地停留太久，必須有效運用時間。張田黨爲此安排了密集的人力和交通工具，把台南縣卅一鄉鎮市行程壓縮爲一天。「這形同焦土戰，能派上的人、用上的車輛，全部在動員之列，事先做好規劃，一站接一站，沒有廢話，只有眞心話。」張田黨要求競選人員聽從指示，將陳定南一日行程算得十分精準到位。

當天早上五點，團隊開始動員，先遣人員到場分發傳單，廣爲宣傳陳定南將前來發表政見的訊息，現場沒有舞台，只有一輛宣傳車與一支麥克風。陳定南抵達現場後，由張田黨以五分鐘簡短介紹，接著由陳定南進行廿五分鐘的演講，一趟行程短短半小時，內容扎扎實實，屢屢吸引上千人前來聆聽，把會場擠得水洩不通。

「我們選擇三、五個鄉鎮做一場，在人口稠密處演講，比如白河、東山、後壁就以白河福安宮爲中心點進行演講，很能聚焦。人口較多的地方，如永康、仁德、歸仁，就在當地廟宇或市場進行，效果很好。」張田黨率領所屬，用一天時間掃遍全台南縣卅一個鄉鎮市，從早上五點到晚上十點，沒有浪費一分一秒，做法讓對手瞠目結舌。

類似的「快閃演講」眞正達到與選民面對面接觸的目的，給人的印象十分深刻，堪稱佳評如潮。張田黨認爲，不用搭舞台，反而能省下大筆經費與人員吃喝的費用，太划算了。因此，台南縣快閃演講只要排定，陳定南一定全力配合，撥時間參加，推銷競選理念。

「陳定南守時、守法，很耐操，也很平民化不擺排場。」張田黨說，陳定南每次應邀到場，一定提前半小時，主辦單位完全不用派專人伺候，他要求單獨靜處，以準備接下來的演講稿內容，不勞主辦單位派人陪伴。

民進黨資源相對貧乏，充分運用黨內名嘴拉抬選情，是每一場大型選舉的必用招式。張田黨指出，雖說民進黨不像國民黨那樣熱愛排場，但黨內依然有部分人士偏愛這一套，除了需要專人專車到車站接駁外，食宿也必須安排大飯店，一趟助講行程，往往耗掉競選總部不少人力、物力等資源。能夠體恤資源貧乏者占多數，一個便當、一杯茶水就滿足，但也有人不買單，一定要上大飯店吃排餐才行。這種「奧咖」如果不是黨內A咖，事先都會愼重考慮是否邀請。

候選人配合度也要看體力而定，但陳定南幾乎是排定時間就來，而且每次都準時到場，不遲到、不拖延。「主要是陳定南很耐操，體力充沛，擁有如台灣牛一般的精神。」張田黨貼身觀察陳定南，發覺他很有韌性，從不喊累，一天行程下來仍精神奕奕，即使中午也可以吃完飯就上場。不像有些上了年紀的候選人，非得午休兩小時不可，經過這麼一停頓，很多事情都得往後延，很不符合競選階段匆忙的步調。

「陳定南最愛吃台南縣鹹水魚塭出產的吳郭魚，有這一道地方美味，就是頂級招待了。」張田黨偶爾利用選舉空檔，想帶陳定南嘗嘗道地的美食，都被陳定南婉拒，他請求吃家常菜即可，張田黨只好請太太煮一桌家常菜，邀請他到自宅吃飯。有一次，家中準備了鹹水吳郭魚，加了薑絲去腥，蒸煮後上桌，陳定南一嘗就愛上了，難忘鹹水吳郭魚美味，每次造訪台南縣就指定吃這一味。

「鹹水吳郭魚不同於淡水養殖的吳郭魚，成長在濱海魚塭，養殖水質是一般的海水，吳郭魚魚身呈現的色澤較黑，經蒸煮後肉質不軟爛，呈現QQ的口感，而且具有魚類特有的香氣，十分美味可口，不似一般淡水魚有臭土味。」張田黨也愛吃鹹水吳郭魚，更因為選舉而找到同好陳定南。這也凸顯出陳定南親民的作風，不愛大魚大肉或餐廳美食，就愛尋常百姓家的家常菜餚。

省長選舉投票日一天一天接近，選舉主辦單位在台南縣縣治地新營綜合體育場舉辦了一場公辦政見會，陳定南與宋楚瑜交手過招，吸引了成千上萬的民眾前來聆聽，大家都要看一看陳定南有什麼辦法跟能言善道的宋楚瑜一搏，人潮擠爆體育場。「當時根本沒想到會有那麼多人到場，可能宋楚瑜名氣大，而陳定南在台南縣競選總部用心經營下，知名度大開，因而炒熱選情吧！」張田黨回憶當年盛況，歷歷在眼前。

張田黨指出，陳定南當時演講內容約略爲：「四百年來第一位代表台灣人參選省長，最大宗旨是希望喚醒台灣人的台灣意識，能夠自主發揮，同時也幫助台灣人獲得公平的起跑點，使年輕一代不再受到一黨專政的欺壓與迫害，甚至打破不公平的分配，比如公務員考試外省名額的配置。」「期待農產品都能獲得確保收益、勞工擺脫奴工命運……」「民進黨沒有反商情結，將加強輔導企業，讓企業主走遍台灣、放眼全世界。」

這些政見涵蓋士農工商階層，也代表民進黨照顧基層的原則與決心，引起很大共鳴，「台下掌聲如雷，很多民眾踮起腳尖，就爲了衝著陳定南喝彩加油，令人十分感動。」張田黨說，政見發表會十分熱烈，陳定南掌聲沒有少於宋楚瑜，也讓支持者對選情沒那麼悲觀。

選舉結果揭曉，陳定南得票數三二五萬四八八七票，占三八．七二％，宋楚瑜四七二萬六〇一二票，占五六．二二％。在第一次全台灣的選舉中，兩黨資源懸殊的狀況下，陳定南能獲得如此高的票數，算是十分難能可貴。而在全台各縣市得票數中，除了陳定南故鄉宜蘭縣獲得過半數衝第一，台南縣得票數僅次宜蘭縣，爲其他縣市之冠。

經歷這次省長選舉，張田黨和陳定南也奠立了相當的交情，張田黨在接下來的黨內選舉中尋求中執委連任，陳定南毫不猶豫答允投下手中一票力挺。「當時宜蘭縣也有人請求支持，但被陳定南以答應台南縣張田黨加以回絕，惹來罵名。」張田黨十分感念陳定南一言九鼎，而能夠獲得陳定南的肯定，也讓他視爲畢生光榮。

省長雖敗選，但陳定南仍感念台南縣鄉親的熱情支持，曾多次到台南縣謝票，也由張田黨陪著深入基層、了解民情。「陳定南在南鯤鯓代天府停留時間最長，他認爲廟宇應該投入公益事業。」張田黨說，陳定南認爲廟宇可以具體協助

張田黨擔任民進黨中執委留影。

信徒或農民，力量一定比政府大。這個想法也啓發了張田黨往寺廟發展的方向，他多次親赴廟宇遊說投入公益行列，讓信徒崇拜的神明能眞正照顧凡間百姓。事實上，在面臨天災地變之際，許多廟宇都會捐錢購買物資或救災器材設備，出錢出力，贏得更多敬重，從而帶動香火鼎盛。

陳定南因公正清廉、剛正不阿的施政風格，素有「陳青天」、「現代包青天」的美譽，在許多台灣人心目中被視爲政治人物的典範。他生於一九四三年，台大法律系畢業後，沒有直接踏入政壇，而是先前往商界發展十四年時間。在美麗島事件與林宅血案發生後，他毅然決定棄商從政，歷任兩屆宜蘭縣長、立委、法務部長，後來於二〇〇五年再度投入宜蘭縣長選舉卻意外落敗，宜蘭縣延續廿四年的綠色執政中止。然而陳定南卻於二〇〇六年十一月五日因病逝世，享年六十三歲。

陳定南於一九八一年參選第九屆宜蘭縣長並一舉當選。尋求連任時，更以高達七成的得票率當選，奠定宜蘭綠色執政的基礎。但眞正贏得世人敬重的是，他在縣長任內嚴拒台塑六輕進駐宜蘭，裁撤各機關的「人二室」、各學校的「安維祕書」與公教體系的「忠誠資料」，電影院放映之前免唱國歌，卸下兩蔣遺像，停辦升旗典禮，取消國慶遊行等等，均爲劃時代的創舉，給人深刻印象。

其中，陳定南最爲宜蘭縣民緬懷的事蹟，莫過於在他擔任宜蘭縣長期間，老東家台塑王永慶擬在宜蘭設六輕煉油廠，遭陳定南峻拒，並爲了是否設廠舉辦一場辯論會，由陳定南與王永慶交鋒，各自爲政策辯護，最終王永慶撤案，改移雲林設六輕廠。此一前瞻決策，保障了宜蘭的生態環境，對照如今雲林六輕之污染疑雲重重，陳定南看見未來、保護鄉土，令宜蘭地方人士感佩懷念不已。

「有人說陳定南是酷吏，我不認同此一觀點，他群而不黨，不會拉幫結派形成自己的派系，做事細膩，講究細節，卻被認爲龜毛，他的風格與其他從政者格格不入，因此才造成誤解。」張田黨說，其實陳定南律己甚嚴，寬以待人，與一般政客愛和稀泥的作風大大不同，因此予人難以相處之議。

陳定南畢生清廉自持，二〇〇〇年獲陳水扁總統延攬擔任法務部長，大力推動反賄選，訂定選舉候選人小禮物價值須低於新台幣卅元，自此相沿成習，成爲每次選舉中每位候選人遵守不逾的規矩。

「當初陳定南獲扁延攬入閣擔任法務部長時，有一次我又與陳定南碰面，他露出沮喪面容，表達想辭卸部長職務。我研判可能與阿扁理念有出入，有志難伸，但仍勉勵他爲台灣法治立下典範，不要輕言放棄。」張田黨指出，因爲省長選戰與陳定南培養好交情，即使擔任法務部長期間，兩人仍時有往返，也才知道當年陳定南疑因理念與阿扁不合，有意辭卸部長的心境。

二〇〇五年，宜蘭縣長選舉因爲民進黨一直推不出能夠迎戰國民黨的人選，陳定南遂斷然辭去法務部長一職，再度挺身投入宜蘭縣長選舉。原本各方看好政績有口皆碑的陳定南，但選舉期間竟遭對手指控涉及賄選。陳定南畢生大力推動反賄選，己身參選卻反而陷入賄選疑雲，成爲從政最大危機。選舉結果公佈後，陳定南以八六一〇票的小差距落敗，大大跌破各界眼鏡。沒想到隔年陳定南即罹患肺癌不治。張田黨慨嘆老天捉弄好人。

「我與宜蘭縣眞有緣，早期輔選陳定南結下不解之緣，後來跟黨主席林義雄從事黨務工作，同時也與前行政院長游錫堃有不錯的交情。」張田黨誇讚陳、林、游三人是「宜蘭三寶」。這三寶不同一般三寶，是眞正的鎮國之器，不僅影響宜蘭縣的政治氣象，更是台灣政壇的風向球。他們動見觀瞻，對從政後進具有啓示作用。

廿四、成立民主電視台

戒嚴時期的兩大報、老三台對民進黨的報導多所偏頗，即使解嚴後，對於民進黨也不友善。民進黨致力宣導的民主理念，被這些媒體主管視若無物，而且想盡辦法抹黑，民進黨完全得不到發聲管道。爲了突破媒體封鎖，張田黨決定在台南縣溪北、溪南各設一台有線電視台，用以宣揚黨的理念。

「早期有線電視台還沒有法令規範，也沒有版權費等等約束，電纜線一拉，就進到一般民宅，十分簡陋而缺乏規章。」張田黨說，那段時間是有線電視台的戰國時期，由於有利可圖，各地如雨後春筍般成立電視台。由於尚待進一步立法通過，儘管警方取締嚴格，但各家電視台卡位戰仍是打得天昏地暗。

張田黨邀請當時的黨籍公職人員如省議員謝三升、立委魏耀乾，以及有意投入國代選舉者，召開多次籌備會，決定溪北與溪南各籌設一家有線電視台，溪北命名爲「新營民主有線電視台」，溪南名爲「新豐民主有線電視台」。此外，爲避免招惹警方痛下殺手、嚴格取締，張田黨與幹部事先拜訪時任台南縣警察局長丁原進，說明設立有線台的目的是爲了突破新聞封鎖，而非盈利，懇請警方能了解苦衷，在未來的取締行動中，盼能稍微放鬆。

由於民進黨台南縣黨部採低姿態與警方斡旋，同時積極爭取合法化，雙管齊下，獲致較大的發展空間，阻力相對減低很多。不像外縣市的設台行動，三不五時就與警方發生衝突，尤以台南市最激烈，像是時任市黨部主委李金億就經常與警方衝突，爲民主理念流血。

有線電視台是一種新興的行業，頗具前瞻性，因此，在地方上嶄露頭角的人幾乎都想插一手，蔚爲風潮。結果，台南縣本來預定成立兩家有線電視台，演變爲三家，分別爲溪南新豐台、溪北新營台，以及麻豆地區的曾文民主有線電視台。每一台的設備都很簡陋，大多相互投資持股，由於不需要版權費，裝一戶就有一戶的收入，競爭激烈。

當時，新豐台董事長是省議員謝三升，副董事長由立委魏耀乾出任，總經理由黨部主委張田黨擔任，副總經理則是黨部執行長李俊毅。新營台董事長是國大代表謝清文，總經理爲黨部主委張田黨。曾文台董事長是立委魏耀乾，總經理是林文定，均爲綠營地方政壇人士。

溪南地區的新豐台與民間經營的有線台爲了爭奪市場大餅，經常碰撞出火花。民間台由當地劉姓業者經營，但新豐台強調和平理性，不與對方發生衝突，不在價格上做競爭以免衝突擴大。然而民間台不以此爲滿足，常常對嗆對撞，甚至動手腳破壞傳輸器材。

雙方總共發生兩次較有規模的衝突。劉姓業者為了一舉殲滅新豐台，於某天糾集一批混混手持棍棒，將新豐台機房設備全部搗毀，並把時任新豐台經理的歸仁鄉黨部主任李登財毆打成重傷住院。此一侵門踏戶的暴行，激起了張田黨這一方嚴重不滿，認為必須有所回應，否則將淪為地方笑柄，也將從此無法在地方立足。

衝突一起，張田黨、謝三升、魏耀乾、潘輝全以及十數位支持者遂聚集開會，研究如何還以顏色，以免屈居下風，遭致吞噬。席間，謝三升提議找新豐地區一位道上大哥級人物「牛屎」居中協調賠償，盼能以和解收場，但與會者均持反對意見。「已經多方委屈求全，再退讓只會墜落懸崖，我不認為採取和解賠償方式能夠解決問題。」張田黨首提反對立場。

從小外出闖盪，張田黨江湖見多了，他不相信「以德報怨」這一套，尤其利益爭奪過程中，誰也不讓誰。這次賠償息事，就讓對方以為即使再釀出事端，只要再賠償一次，一樣無事，姑息養奸，只會使事態惡化，屆時將被對方吞沒，再也無法立足。在此一堅持之下，持「以牙還牙」態度者凝聚成一支隊伍，有十數人自願擔任先遣部隊，前往對方的電視台擬討回公道。

結果，這十數人組成的討公道隊伍，情報實在不怎麼靈光，找來找去居然找錯了冤家，在和對方一場烏龍互嗆之後，帶頭者才發現錯找對象，急忙撤退。狼狽返回之後，張田黨、魏耀乾等幹部急忙安撫，也決定請他們回家休息，不再勞動這批「義勇軍」，而決定「自己的電視台自己救」。

「這場戰爭非打不可，而且一定要贏，不然我們在新豐區將無立錐之地。」張田黨召集魏耀乾立委、李俊毅執行長、潘輝全前主委，以及支持的朋友陳仕明、楊瑞龍等戰將，宣誓這場對峙須以戰止戰，否則將永無寧日。隨後，從道上傳來風聲，說對方坐擁槍枝，威脅張田黨這一方的人身性命安全，為了讓參與行動者沒有後顧之憂，張田黨等人也達成默契，萬一有人在這場戰役中發生意外，其餘人等必須負起撫養其家庭與家人的責任。

交付任務完畢，一行人浩浩蕩蕩前往設在劉姓業者家中的有線電視台，抵達現場時，已有數位便衣刑警獲報在場執勤。「我們要好好跟對方協調，不會發生什麼事，請你們離開一下。」立委魏耀乾請幹員先行離開，接著取出自備的斧頭，鑿開上鎖的大門。對方為了保全設備器材，總共設了三道門，張田黨等人持斧頭長驅直入，但這時，門後方竟慢慢走出兩位老人家，原來是劉姓業者的雙親。張田黨見狀馬上喊停，找來專人保護兩老離開屋子。

不料破壞第三道門之後，門後方突然竄出一頭凶惡的狗，體型直逼成人，相當嚇人。但練過武術的魏耀乾不慌不忙，持手中棍棒朝惡犬鼻樑一棒猛擊下去，惡犬挨了悶棍，哀號一聲趴倒在地。又是破壞鐵門又是遭惡犬威脅，所有人火氣上升，手中棍棒朝屋內器材設備一輪猛揮猛擊，所有器具不禁重擊應聲碎裂，散了一地。

一番徹底破壞之後，該家民間電視台已滿目瘡痍，張田黨等人一不做、二不休，除了破壞屋內器材設備，當天天亮之後，再派出十幾輛工程車沿路剪斷這家電視台的電纜線。到了晚上，就在劉姓業者家門前舉辦一場聲討黑道說明會，還搬請時任黨主席許信良到場，聲勢浩大，轟動南台灣。

三部曲行動之後，張田黨偕黨主席許信良前往台南縣警察局面見局長丁原進，要求徹底調查劉姓業者的犯行並移送法辦，丁局長表達會正視處理的態度，這樁轟動一時的有線台業者對峙暴力事件才告一段落。徹底瓦解對方的勢力後，溪南新豐民主有線電視台正式立足當地，也有了茁壯機會，爲宣傳民進黨理念而發聲。

張田黨說，他們眞的不想造成社會事件，然而黑道、財團覬覦有線電視市場大餅，相互結合起來，再由劉姓業者出面經營，大大威脅其他業者的生存空間，而收視戶也變得無從選擇，逼不得已才採取以牙還牙的下策。但也因爲策略正確，民主台才有機會萌芽茁壯。

廿五、台灣日勇公司成立

「我的積蓄因爲長年在外參加運動而逐漸耗光，由於沒有支領任何薪水，避免坐吃山空，於是成立了一家台灣日勇公司，進口健康食品做生意。」一九九四年，張田黨卸任民進黨台南縣黨部主委，爲了彌補逐漸虧空的財庫，開始努力賺錢。他成立公司之外，也不忘台灣，希望台灣一日比一日茁壯，因此取名「台灣日勇」，把當時的黨部執行長李俊毅、幹事等人納爲公司成員，讓他們有機會在其他領域發揮本事，不靠政治也能賺錢。

「台灣日勇公司進口的第一項健康物品是法國製的乳膏A・B・I。」張田黨對這款乳膏讚不絕口。他說，這乳膏的進口品項爲美容用品，但沒想到運用在皮膚病之上，也完全具有療效，好用的程度超乎想像，尤其燒燙傷一敷見效。更意想不到的是，由於農村常有長期臥病在床的老年人，因爲缺乏照料，普遍罹患褥瘡或皮膚病，而張田黨曾經把乳膏用在生長褥瘡的老人身上，其患處已潰爛到深可見骨，但連續使用一個月之後居然痊癒，其神奇效果讓專家不禁瞠目，病患與家屬讚不絕口，也就成爲家中照護老人的必備用品。

這支法國製乳膏口碑至佳，深獲消費者認同，曾在市場占有一席之地，幾乎與「綠油精」、「面速力達母」等藥品齊名，成爲家用必備之物。「協助進口這乳膏的是我當兵的袍澤吳敏明，這人不簡單。」吳敏明出身台中縣大甲鎮，小時候家境貧困，爲了補貼家計跑去當了兩年木工，後來靠自學考上嘉義師專，擔任教職後當兵，服役期間用心念書，退役後考上台北醫學院藥劑系，就此踏上藥學之路。張田黨與他保持聯繫，台灣日勇公司推出的首支乳膏就與吳敏明合作。

爲了讓「A．B．I」美容乳膏的銷售扎根，張田黨在黨務工作之餘，也撥出時間與具有藥學背景的吳敏明走遍全台灣，到處推銷法國進口的這支乳膏。由北到南，台灣各縣市都有愛用者，奠立不錯的口碑。然而，邊做生意邊搞政治其實不夠專業，所謂「雙腳踏雙船，心頭亂紛紛」，推銷乳膏的生意沒有眞正做起來。

法國方面也認爲銷售量沒有達到預期目標，收回了經銷權。同時，藥廠也讓售給瑞士一家大藥廠，斷絕了在台灣的通路。每每提起這件事，就讓張田黨扼腕不已。

另一個問題是，這種修護霜進口的名義爲「化妝品」，根本不是醫療用品。張田黨爲了留下這款具有神奇療效的乳膏並推廣使用，曾透過關係與友人找上衛生署官員，向衛生署推薦，期盼解析藥品成分後，再以藥品項目在台灣正名、公開銷售，造福有需要的患者。但衛生署指出，此類藥劑用品上市必須先經過三年的臨床實驗，在詳實的記錄下實驗成果，再視情況納入管理。由於程序太過繁瑣，沒能如願，神奇乳膏就此絕跡。

「A・B・I」因爲療效深植人心，直到現在還持續有人在網路推出這款乳膏的姊妹品，大做生意。其實，這乳膏已經被法國收回，並且轉賣瑞士藥廠，若有人仍打著眞品旗號混淆視聽賺黑心錢，張田黨呼籲大家不要上當。

「日勇」公司的第二號招牌商品是「胎盤素」，這項商品其實和張田黨的政治工作有關。因爲從事黨務工作，又偏向台獨運動，張田黨因此經常與海外台獨人士接觸，銜接起國內外的台獨運動，讓台獨得以裡應外合，增加能量。這些海外台獨人士，多半都是優秀的台灣子弟，卻因爲碰觸政治禁忌，不見容於國民黨獨裁政權，因而被列爲黑名單，無法回台灣。也因爲海外台獨人士多爲術業有專攻的學者，無論學術研究或商場事業都相當有成就，張田黨與這些海外台獨學者專家頻繁往來，就此開闢出一條商機，發展出獨特的「台獨經濟」。而在日本頗爲活躍的台獨人士郭榮桔博士，成功研發出胎盤素，獲日本厚生省認可上市販售，就是台灣人活躍於海外的代表之一。

根據資料，郭榮桔於一九二一年出生於台南縣麻豆鎮，畢業於日治時期的南二中（現爲南一中），然後赴日本九州念久留米醫專。畢業後，他接受日本一民間社團聘請，準備到日本占領下的中國安徽省鎮江當醫官。行前，他由日本返回台灣，向雙親辭行，接著赴港區搭輪船擬赴中國。殊不知等待時突遇空襲，緊急下船避難，但該艘輪船竟然按時程出港，後來不幸在外海遭美國軍機擊沉。郭榮桔因此逃過一劫，在家鄉開診所執業。

台灣發生二二八事件後，郭榮桔於一九五〇年偕新婚不久的妻子與襁褓中的長女赴日，展開在日本的一連串事業。他從台灣的雞絲麵得到靈感，發明了世界最初的泡麵，但因無法克服油垢味，而將商機留給後來的「日清」泡麵；後來又經歷洗衣連鎖店、不動產、食堂等等事業。在這同時，他也沒有放棄專精的醫療業務，並於一九七四年成功研發醫療用藥品「胎盤素」，在醫療市場上大獲成功，更獲日本母校頒發醫學博士榮銜。

「胎盤素注射液對於肝病療效十分顯著。肝病長期爲台灣國病，我與郭榮桔博士合作擬引進國內販售。」張田黨相信，胎盤素不但對國人健康有助益，將海外台灣人的研發成果引進國內，對戒嚴卅多年、封閉的台灣而言，也是彌足珍貴的一件事。然而，胎盤素的代理與銷售事實上並不順遂。

張田黨指出：「日本認可的胎盤素，台灣不准依醫療販售，大概由於胎盤原料與中國中藥的紫河車相同，是眞正使用人類的胎盤，而不是取材自如鹿、羊、豬等一般動物。台灣人主觀上較難接受使用人類的胎盤，形成心理障礙。」也有人認爲胎盤來自人類，若當事人染患愛滋病等等難以治癒的疾病，極可能會傳染到施打注射液的人。也因此，雖然經日本厚生省許可，但世界醫藥界卻多有爭議。受到此一觀念影

張田黨參加郭榮桔博士回鄉晚會留影。

郭倍宏（左一）、郭榮桔（左三）、張田黨（右三）、林秋滿（右二）、陳唐山（右一）於郭榮桔博士回鄉晚會合影留念。

響，胎盤素在台灣上市，註定是困難重重，甚爲可惜。最多只能以健康食品的名義販售，並取名爲「健胚」以規避麻煩。

此外，雖然是因爲政治上的往來而與郭榮桔結緣，但雙方在後續的合作上並不愉快。張田黨說：「我與郭博士商量取得胎盤素在台灣的代理權時，他曾提過願意提供產品讓我們在台銷售，並將所得完全捐給台灣獨立運動團體，但後來並沒有實現承諾。而且可能因爲當時我帶兩位生意人去，他覺得我們有相當的本錢，因而提高價錢，要求現金交易，條件相當苛刻。」不僅如此，在短短一年內，台灣市場陸續有社運圈內人同樣向郭榮桔購得胎盤素分裝上市，並以「綠胚」、「健胚」等不同的包裝和名稱推出，導致市場大亂、價格不一、互相殘殺的局面，使得胎盤素在台灣的市場很快就崩盤。儘管郭榮桔身爲醫生及醫學博士爲台灣付出有目共睹，但胎盤素一事確是如此，令人不勝唏噓。

關於胎盤素還有一事，張田黨要特別提到前台獨聯盟主席黃昭堂。

「有一回，我赴日本採購兩萬支注射液，在日本可順利通關，但抵達台灣海關經X光照射之下，因包裝呈子彈型而遭扣關⋯⋯」由於這項採購幾乎用光了張田黨的積蓄，被扣關當下，讓他不禁愣在當場。後來，張田黨透過關係爭取依「寄關」方式留在海關，再伺機攜回日本處理。「這都要感謝已故的台獨聯盟主席黃昭堂大力幫忙，因爲他常常台灣、日本兩頭跑，協助將寄關的胎盤素注射液攜出關帶回日本，順利解決難題，才因此沒有造成我的財務危機。」

事實上，昭堂嫂對於黃昭堂協助張田黨將胎盤素攜回日本一事頗有微詞，但待人熱情、瀟灑慷慨的黃昭堂卻告訴她說：「我們不幫忙，還有誰要幫忙？田黨參與深具危險性的改革運動，已是國民黨政權的眼中釘。他們已經因為運動而無法專心賺錢，再蒙受這麼大的損失，將會牽連家庭的生活。我們何忍不幫這些人呢？」從這短短一席話可知黃昭堂的為人，如何積極、熱情地為台灣人權益、為台灣的未來奔走協力。他有著身為台灣人堅強、樸素、犧牲、豪邁、不自私的性格，完全不被誘惑，意志堅定，一心一意為台灣人能當家做主、不再被殖民統治，爭取台灣人民的自由、民主、人權等普世價值而努力。張田黨迄今仍感念已故黃主席當時從旁協助。

除了旅日博士郭榮桔的胎盤素，後來的旅美台獨農學博士陳伸夫，張田黨也和他做起「三藏茶」的生意來。

「三藏茶據稱是以前唐三藏赴西域取經途中必喝的茶飲，以免半途患了營養不良、過敏、氣喘等症狀。」張田黨說，這款茶飲是陳伸夫在美國研製販售，據傳藥方是中國文化大革命之後從中國流傳出來，陳伸夫得知配方後加以研製，屬於藥草類的健康食品。張田黨引進促銷，市場反應普遍不差，賣得很好。

「陳伸夫是嘉義農專畢業，赴美國攻讀農業獲博士學位，擔任全美台灣同鄉會美東理事長，不但學有專精，又很關心台灣政治。在一九八〇年美麗島事件的隔年，陳伸夫曾面見美國參議員甘迺迪，控訴國民黨以威權手段對付台灣人民，隨後甘迺迪就在國會發表措詞嚴厲的聲援文章。」張田黨藉著赴美參訪活動和台獨聯盟同志多所聯繫，陳伸夫也是其中一位。他對台灣民主的關心毋庸置疑，讓張田黨至感欽佩，同時也發現了商機，因而引進三藏茶在台販售。

儘管引進許多產品的市場反應都不錯，但台灣日勇公司的發展並不順遂。「俗話說『隔行如隔山』，我在黨部的執行長李俊毅、幹事馬伯煌，經我推薦加入推銷健康食品行列，可惜他們醉心的工作仍然是政治，做生意實在外行。」張田黨一番好意，想將生意帶入他們的生涯之中，然而終究不是做生意的料，此事只能不了了之。雖然後來另覓行銷經理人，卻也沒能眞正發揮作用。台灣日勇公司沒有做出大生意，只在市場上引起小小波瀾，旋告沉寂。

「憑良心說，我經手的健康食品，個人一定先試過、吃過，覺得沒有問題，才敢推銷給他人使用。」張田黨秉持自己敢吃敢用才向別人推銷的原則，所有經手的物品，一定先試過，一有問題就收手。曾經有販售民俗藥物的業者看中張田黨名氣大，邀約合作共同行銷賺大錢，卻遭張田黨一口回絕。即使是現在，經由張田黨經營的「台南線上」廣播電台所放送推銷的東西，張田黨也再三強調，絕對是品質掛保證才販售。否則寧可堆放在櫃子裡也不能賣出去，發生貽害他人的事情。

廿六、擔任黨中央組織部主任

張田黨擔任主委任內，除了協助陳唐山攻占台南縣長寶座完成政黨輪替，也替參選省長的陳定南大力助選，讓台南縣成爲陳定南宜蘭家鄉外得票率最高的縣市，民進黨基本盤也因此大大擴張。此外，張田黨幾件重要而關鍵的事蹟，如垃圾山抗爭事件圓滿落幕，贏得全國各地好評；突破困境，創設有線電視台宣揚民主理念；從無到有，購置台南縣黨部辦公廳舍，不但逐步贏得黨中央的高度肯定，也成爲張田黨在一九九四年卸任縣黨部主委的四年後，再獲時任黨主席林義雄延攬爲組織部主任的契機。

「卸下黨部主委後，雖然還有其他工作，但實在很想好好休息、規劃自己往後的人生，加上對台北環境不適應，因此在祕書長邱義仁銜命徵詢我是否到黨中央任職一事，感到猶豫。」張田黨說，自己卸下主委一職後，已有一種完成大半使命之感，他正想好好歇歇並想一下自己未來的路。但黨主席林義雄指派邱祕書長前來徵詢，盼他接下組織部主任的職務，傳承台南縣的工作經驗。經過一個多月的長考，張田黨才答允接受挑戰。

「接下組織部主任，也是我從事社會運動以來第一次領到薪水，每個月有七萬五千元，但扣掉房租一萬五千元，加上平日花費，所剩無幾。」原來張田黨一開始北上工作，還沒有找到房子，每天住旅館，工作之餘就回旅舍看電視，也缺乏人脈可以往來，日子過得很乏味。後來在中央黨部附近找了間房子租下來，月租卻要一萬五千元，貴得讓人咋舌。每次喜孜孜拿到薪水袋，卻轉眼就成「月光族」。幸好每月搭飛機南北往返，有邱義仁祕書長張羅四到六張機票，才又省了一筆鉅額交通費。

當年的黨中央人力有限，組織部加上主任總共才八人。但組織工作必須與地方接觸，有時派人出差到各縣市黨部了解工作狀況，人力總捉襟見肘。爲此，張田黨向黨主席反應盼酌予增加人手，以利運作。然而民進黨沒黨產，募款所得也有限，人手非但不增反減，使得運作更加不順暢。

張田黨跑遍各縣市黨部，發現各地黨部普遍缺乏經費，甚至連辦公室設備也闕如，奢談組織運作。因此，他特地將此一現象向黨中央反應，希望依實際需求撥付補助經費，讓地方黨部擁有資源，能夠眞正動起來。

「爲了撥經費補助地方黨部，必須請地方自行寫計畫，讓撥補有個依據。但沒想到居然沒幾個黨部有能力寫計畫！」張田黨說，很多黨部甚至直接要求開口多少就給多少，何必寫計畫？他們認爲這是刁難地方黨部。對此反應，張田黨大感啼笑皆非，一個聲稱未來要執政的政黨，卻有如辦家家酒，完全沒有行政概念，難怪被對手戲謔爲草莽性格。

爲了提升各地方黨部功能，張田黨擬具四個發展方向：一、各公職民代返回選區加強輔導縣市黨部，爲參選縣、市長做扎根準備工作；二、縣市黨部須培養寫企畫案的人才，以利於黨中央撥補經費有所依據；三、黨員入黨須加強教育認識民進黨理念與入黨意義，以免人頭黨員充斥，缺乏向心力；四、中央黨部招考大學以上學歷人員訓練當儲備幹部，將來派駐地方黨部擔任黨工，協助行政、會計等專業工作。

同時，張田黨在任內也積極延攬國內重要政壇人士入黨。「時任嘉義市長的張博雅，幾經接洽深談理念，已經答允加入民進黨。」張田黨原本很興奮地回報黨中央這個好消息，一來可以提振民進黨士氣，二則也是自己任內重大功績。可惜黨內有人大力反對，不斷放話阻擾，也使得此一策動張博雅入黨的計畫功敗垂成。張田黨在約定見面前一刻，還拿著入黨表格，就待進一步簽署，沒想到被通知取消，讓他感到扼腕。

一九九八年第四屆立委選舉，是組織部的重頭戲。那一年立委席位尚未減半，民進黨預估可衝上百席，不料選舉結果只拿下七十席，加上台北市長陳水扁連任失利，黨內士氣大挫。黨主席林義雄選後失蹤了一個星期，後來有意辭卸黨主席，爲選舉失利負責。

當時張田黨在台北工作得很辛苦，又南北奔波難以兼顧家庭，直接了當跟黨主席林義雄請辭，由組織部負起敗選責任。幾經折衝之後，祕書長邱義仁與組織部主任張田黨等八人辭職，為這次敗選負責。「事實上，林義雄多次慰留我，希望我能勉為其難再待下來，為黨中央再盡一點心力，但是整個黨中央都是新潮流的影子，只有我是福利國連線，以及黨主席非新潮流，運作起來實在有氣無力。」張田黨吐露苦衷，林義雄始批准辭呈。

「其實那次選舉，林主席指派我前往高雄輔選謝長廷，最後以領先五千多票險勝對手吳敦義，我頗感欣慰。」張田黨在一九九八年的選舉前夕，銜命前去高雄市蹲點，全力輔選謝長廷。但由於謝長廷與地方淵源不深，他跟高雄地方民代、里長也並不熟絡，因此選戰開打後，選情相當艱困。張田黨後來心生一計，想起自己與時任立委的朱星羽、陳光復頗有私交，經他居中牽線，讓朱星羽允諾搭配謝長廷競選，才漸漸把氣勢拉抬起來。

同時，地方選舉中的里長傾向也頗為關鍵。張田黨除了跑演講場，聲嘶力竭為黨候選人助講之餘，也深入基層與里長拉攏交情。當時《選罷法》規範尚不嚴謹，仍可以透過餐會等方式助選。張田黨就籌劃了這一塊，一場場餐會跑下來，把原本對謝長廷不熟悉的里長們串連起來，炒熱了謝長廷的選情。

隨著選舉投票日接近，雙方陣營火力全開。面對藍營族群力挺的吳敦義，謝長廷當時並沒有勝選的把握。除了文宣戰打得火熱之外，底層組織戰也力拚能夠相抗衡，在各方面互相搭配之下，總算以五千餘票打敗吳敦義，跌破許多選情專家的眼鏡。相較之下，台北陳水扁競選連任失利，陷入愁雲慘霧，高雄市長由謝長廷搶下來，稍微彌補了選情受挫之憾。

張田黨前後在中央黨部組織部主任職位待了八個月，一則家庭與工作場所距離太遠，難以兼顧；二則黨內爲主要派系掌握，加上人力單薄難以發揮，因此向黨主席林義雄求去。張田黨說：「我決定不接受挽留，堅決辭去工作，並告訴主席下一步將投入社會福利事業。」但離開台北工作之際，黨主席林義雄待張田黨也十分厚道，找了些資源近廿萬元當成資遣費用給張田黨，讓張田黨不致兩手空空返鄉，著實替他化解了財務上的困窘。

返回台南故鄉，想起自己一路經歷了美麗島事件、五二〇農民運動、地方黨部評委、執委、主委，以及最終極黨職——民進黨中央黨部組織部主任，張田黨有點倦鳥歸巢之意。他一頭栽進黨務後，也忙碌得沒時間賺錢，但所有的黨務運作在在需要金錢。比方說，身爲主委出門在外，遇上拜訪場合，總不能兩手空空。另外，他常率領基層黨工在外面辦活動，食宿花費多數一手攬下。長久下來，金山銀山也會虧空。也難怪張田黨會說：「從事黨職開始，幾乎沒有在賺錢，而是靠著以前經營西藥生意的積蓄支撐經濟。」

但張田黨很有生意頭腦，從醫務助手時期就開始接觸西藥，後來開設西藥房，藥物類接觸多了，就開始代理進口暢銷藥品。接著，他回想起自己從小就看到貧窮家庭出了殘疾子弟，亟待社會福利挹注，否則不但家庭無力負擔，也將淪爲社會的包袱。於是，他轉念投入社會福利事業，希望藉由己身影響力關懷弱勢，拉拔這些家庭，貢獻社會，甚至能夠達成造福社會的心願。

這些願望後來逐步兌現了。當初離開中央黨部時，曾向林義雄主席報告將投入社福事業，林義雄也在「蓮心園」開園當天到訪，並致贈了「造福人群」匾額。這一方匾額也等於替張田黨背書，肯定了他的用心，以及爲人處事的態度，讓張田黨視爲至寶，高懸在辦公室的醒目位置，時時惕勵自己精進，不能辜負主席殷殷期待，更不能背離投入社會事業造福人群的初衷。

廿七、終於完成大學學業

「當一名老大學生是件很快樂的事情。」張田黨開西藥房事業有成，但他從事社運、致力黨務追求理想，在社會上站穩腳跟的同時，也仍然嚮往繼續求學自我精進的夢想。回顧張田黨的求學之路，一路走來斷斷續續，不似旁人順遂。然而，從水上初中畢業、軍中自學通過高中資格考後，他的求知慾愈來愈強烈，在工作之餘積極尋找機會進修，選修逢甲大學合作經濟系學分班，後來還到台中校本部上課，一圓當年未能一路上大學的夢，最後順利完成大學學業，取得學士學位。

「我的求學路雖然不順遂，但是一路走來別具意義，我並不覺得比一般人差。」張田黨說，每個人的際遇、智能都不一樣，不見得人人都能從小學、中學、高中、大學一路上來，難免會遇到無法克服的阻礙，而不得不迂迴前進。這就好像開車要到一個目的地，走高速公路並不是唯一的選擇，萬一遇到塞車，可以由縣道、台一線前行，雖然慢了點，但同樣能抵達目的地。他強調，重點是不能遇到阻礙就停滯不前，甚至轉身往回走，退回原點。

秉持這個精神，當逢甲大學到台南縣新營市新營高中開設學分班時，張田黨一馬當先前往報名，在求學路上接續大學學業。張田黨永遠記得十七歲在嘉義市當醫務助手的因緣際會——那時候，蔡陽輝醫師治理醫院業務有條不紊，家庭管理同樣溫馨和睦，家中小孩個個循規蹈矩，那個美好的氣氛，都是因爲書香氣息而來。尤其蔡家子女個個優秀，念名校如南一中、嘉義女中，更加深他不能荒廢學業的感觸。

有了這些背景因素，張田黨雖然家中經營西藥房生意，也參加社會運動與黨務運作，忙得不可開交，但他仍然擠出時間按時到校接受面授，返家則抽空複習課業內容，努力不懈，贏得教授與同學好評，公認他是難得一見的好學生。

張田黨說：「他們都不知道我其實在完成一個夢想，一個我早年無法實現的願望。」他回想起自己在嘉義市當醫務助手，無力支付學費，有位醫師擬納爲女婿，條件是終生奉養先天疾病的兒子，條件很優渥，但當時他已另有心上人，人生不願意爲此而打折扣，然而經濟困窘猶如高山峻嶺，任憑你有沖天志氣也翻越不了，只能頹然放棄，等待下一個機會的到來。如今終於盼到了繼續求學的機會，豈能不好好掌握？

每學期塡滿學分加上暑修，利用四年半的時間，張田黨終於完成了大學部學分。其中特別値得一提的是，他在新營選修學分屆期之後，還參加插班考試，順利獲錄取爲正式大學生，返回台中校本部就讀三年級。「這個夢雖然慢了點，總是盼來了！」張田黨穿上大學服，已過了三十而立、四十不惑的年歲，穿梭在二十出頭歲的年輕小伙子之中，一股輕鬆自在之感油然而生。

「等好久了，那個感覺終於來了，成就感不輸賺進人生第一桶金，特別扎實！」張田黨回憶起台中的逢甲校園，與學弟妹們在圖書館找位置念書，下課就到校外吃大腸、米血糕、黑輪……，完全融入大學生的生活。「說實在的，以有經濟基礎的成年人而言，那些路邊攤小吃實在不登大雅之堂，難祭五臟廟。不過，大學生的氛圍就是如此，即使沒有特別好吃，眾口鑠金，咀嚼起來就是特別有味道，無不吃得津津有味。」

立於逢甲商圈之中，張田黨有種恍如隔世之感。早年，這一幕幕情景繞著腦袋轉，偶爾難免幻想自己成了電影中的大學校園男主角，與心愛的女主角漫步幽幽小徑，談心、談未來，是那麼浪漫……，但思緒拉回現實卻是如此不堪，只能埋首醫務助手工作，念書免談，戀愛也免談。一晃眼二十多年過去，當年的夢境歷歷在眼前，只是滄海桑田、人事已非，如今的他，是位小有成就的西藥商、社運工作者，不再是當年成天作夢的小伙子。

儘管與當年理想中的大學生涯小有落差，但一切還是值得的。逢甲大學合作經濟系的班導師陳靜夫，了解學分班多爲事業有成的學生，課業難免會追趕不上，總是用心協助，把被工作拉扯得偏離軌道的學業縫合起來，不致於半途而廢，讓張田黨倍感窩心。同時，合作經濟系系主任于躍門教授的經濟學堂堂精彩，彌補學分班學生學術方面的不足，甚至結合實務而讓他們感到大有收穫，因此每逢于教授上課，張田黨完

民國 92 年於逢甲大學合作經濟系畢業，張田黨與陳靜夫老師合影。

全沒有打瞌睡的念頭，聚精會神地聆聽，精進經濟學問。

在班上，還有好幾位由學分班一路念上來的同學，彼此除了分享工作事業上的成就之外，更多了一分純眞的學生情感。「爲了學業一貫不中輟，我們彼此打氣，還特別共乘一輛車，由南部一站站搭載到逢甲校園。」張田黨與同學們每天早上六點出發，趕上早上八點的課，課程從早到晚，直到晚上十點才結束，周而復始。這批勤學敬業的「中年大叔」贏得年輕學子以及學校教授的敬重，學校團康活動也一定安排大叔們上場一起歡樂，教授授課更是毫不馬虎。

「我很珍惜在逢甲大學求學的

張田黨（左三）與合經系同學合影。

過程，從校長、院長到系主任及教授，幾乎都很關心學分班學生，有空就來走動，親切訪談，了解上課情況，主動解決問題，讓大家感到很窩心。」張田黨對於逢甲大學師生無限感念。他認爲，逢甲大學是眞正爲了失學的企業界人士設想，不但就近開設學分班，方便學生上課，在返校本部上課時，也一本關懷態度，對同學多方照顧，讓所有人安心求學，遇到問題也都能迎刃而解，順利完成學業。張田黨大學部畢業後，原本準備上碩士班，也順利銜接上學業，修習了卅個學分，但後來卻因受傷動手術而不得不中止學業，讓他感到十分可惜。

後來張田黨學以致用，在經營蓮心園教養事業方面，他充分運用管理與經營學問，使得業務蒸蒸日上。他也成立農業生產消費合作社，以「幫助別人就是幫助自己」的合作精神，爲弱勢農民代言，如白河蓮花、蓮子、蓮藕，麻豆老欉文旦，後壁無米樂崑濱伯的稻米，關廟鳳梨，產銷通路順暢，爲農民創造利潤。同時，他也在官田工業區職訓中心成立愛心小鋪、台北少年農夫一號店，期待未來完成國內外產銷通路平台，進一步強化產品的通路市場。

廿八、蓮心園社會福利基金會

「白河特產蓮子，其心蕊若是單獨拿來熬煮，苦不堪言，但如果不把心拿掉，一整顆拿下去熬煮，反而不苦。」張田黨說，如同煮蓮子一樣，不讓一個人單獨受苦受難，用集體的力量加以包容，共存共榮，也就是集合眾人愛心共襄盛舉，服務弱勢族群，造福社會，就是蓮心園最謙卑的心願，也是蓮心園愛心基金會成立的宗旨。

「隔壁村莊的阿元伯死好多天，身體都長蛆了，發臭才被人發現前來收屍……」張田黨小時候成長的環境雖然不是很優渥，但至少平凡健全，父執輩辛苦耕作、勤儉持家，讓下一代衣食無虞，兒孫輩兄友弟恭，秉持家風，念書或耕種，個個勤奮不已，家族和樂融融。他很難想像，怎麼會有人死在家中多日沒被發現，心裡的陰影，愈成長就愈擴大。

「阿元伯膝下只有一個孩子，家無恆產，早年替地主幫傭，賺取微薄的生活費用。阿元嬸家管，閒暇時替大戶人家洗衣服貼補家用，夫妻胼手胝足建立起家園。」張田黨的母親娓娓道出從隔壁村莊傳來的二手報導，張田黨聽得入神。

阿元伯一家靠勞力營生，身體健康大受影響，阿元嬸又罹病早逝，阿元伯得身兼母職帶大兒子，在嘉義鄉下很難找到好工作。阿元伯的兒子高中畢業後就往北部發展，留下阿元伯獨自住在老家。他年齡漸長，體力大不如前，轉而四處打零工，當土木工程的小工、市場攤販清潔工，不用太費力氣也能溫飽，還能接濟在外謀生的獨子。

那一年冬天寒流來襲，村莊裡家家戶戶入夜後都早早關門歇息，阿元伯家門也一樣緊閉著，一輩子跟著阿元伯的老舊腳踏車靜靜停在屋簷下。但寒流過了三、四天，天氣漸漸放暖，鄰居才發現阿元伯多日未見，腳踏車似乎也沒有移動，接近屋子喊了聲：「阿元伯啊！」並沒有回應，又過了一下午，依然不見人影。鄰居通報村長、警員破門而入，映入眼簾的是阿元伯僵硬的屍體，疑似突發疾病不支倒地，又因沒有在第一時間被發現搶救，早已死亡多日。

阿元伯獨子獲報，匆匆從北部工廠趕回家，已經是隔天的清晨。他一路哭號返抵家門，撫屍慟哭許久。或許在外地討生活也不容易，衣褲都還是離家之前阿元伯幫忙添購的，經族親協助草草埋葬了老父親，再收拾簡單行囊，掩上家中大門，再度遠離家園謀生活去了。其淒涼的背影，令村民鼻酸。

聽完阿元伯的故事，張田黨不禁問母親：「他兒子怎麼不住在家裡照顧老父親？」「憨囡仔啊，家裡沒水田可耕種，不出外工作，哪來的飯吃？」母親輕嘆一聲可憐，逕自轉身進入廚房燒柴火煮飯去了，留下一臉沉思、滿腔疑惑的張田黨。「爲什麼一家人不能住一起？老人沒人照顧，生病該怎麼辦？」這個深刻的疑問，就這樣烙印在張田黨的心中。

「鍊起來！鍊起來！不要亂動！」在家人吆喝聲中，一臉茫然、眼珠無神的阿福，被硬拖入家人替他打造的鐵籠子裡面，腳上還加裝了鐵鍊。鐵籠子上鎖之後，放入一盆茶水，讓阿福渴了可以自己動手拿來喝。把阿福關進鐵籠之後，他的家人就動身到田地裡工作耕種去了。

雖然阿福的家人不願意被別人看到這一幕，但是鐵籠子就放在庭院前的樹蔭底下，誰都看得見。每回阿福被趕入鐵籠子，躲在屋角後方偷窺的張田黨，都十分好奇阿福怎麼不掙脫鐵籠，自由自在地到處去玩？被關在鐵籠子，只能像動物一般在小小的四方籠子裡自轉，凝視鐵籠外的藍天。

「阿福一出生就發高燒，燒壞腦子，長大後連最基本的上桌吃飯都成問題，家人怕他到處逛，撿拾垃圾往肚子塞，發生大麻煩，沒辦法，只好把阿福鎖在家中的鐵籠子，以免他闖禍或傷了自己……」張田黨聽著家人談阿福，對阿福的處境不禁又感到一陣淒涼。

這樣又愛阿福、又鎖阿福的做法，可以說是偏鄉照顧身心障礙兒童或少年經常發生的事情，早年在台灣也十分普遍。因爲公設教養院不足，私立的也沒幾家，在缺乏認識，同時也沒有多餘經濟能力負擔的困境之下，這些身心障礙兒少都被關進自家訂製的鐵籠子中，幽幽暗暗地度過一生。他們的家人其實也不願意如此對待親生兒女，只是要照顧家計，分身乏術，勉強想到這招，應該是從飼養動物萌念發想而來，將之囚禁、定時餵食，雖然不甚人道，但起碼安全較有保障。

死亡多日生蛆的獨居老人、被囚禁於鐵籠中的少年……這種讓正常人百思不得其解的現象，在偏鄉層出不窮。張田黨雖年輕，但腦海裡屢屢浮現這些景象，留在心底的陰影持續擴大，讓他永生難忘。在他心裡最深處，一直有一個聲音吶喊著：「我一定要做些什麼才行……」

偏鄉缺乏醫療資源，讓這些現象無從紓解，張田黨想繼續求學，但因經濟因素而不可得，被家人安排到嘉義市醫院診所擔任醫師助手的工作。他把握這個難能可貴的機會，用心觀察醫生治療病人的醫術，而且也蒐集了各類病痛的處方箋，一心一意追求醫療技術，理解、精進，想把這些醫技與偏鄉的獨居老人、關鐵籠的少年連結在一起，希望不讓他們再受到非人的待遇……

也因此，不管擔任醫師助理，或當兵、踏入社會工作等等階段，張田黨深埋在心底的願望從沒有消失。除了善盡本分之外，他用心汲取相關知識，就盼哪一天能夠用在這些人身上，使他們獲得正常照顧、關懷，甚至培養出工作技能，回歸正常生活，至少自給自足不成問題。也希望藉由實現這個願望，讓一直存在心底的疑問一步步消失，清空少年時期留下來的陰影。

作如是想的張田黨，後來從事社會運動，加入政黨活動，拚盡全力要公平正義，他的原動力就來自於一心一意想要消除少年時期留下來的負面陰影。後來他輔選陳唐山攻下台南縣長寶座，爲民進黨奠立長期執掌縣、市政府的基礎，換成一般人，應該只想在機關裡謀得一份穩定差事，或者擔任唾手可得的輕鬆職務。但張田黨完全不作此想，念茲在茲一圓心願。

一九九四年，張田黨卸任民進黨台南縣黨部主委職務，陳唐山縣長關心詢問他想做什麼事？張田黨毫不猶豫表示「想從事照顧獨居老人、關懷身心障礙青少年等工作」，一股腦兒說出心底的願望，張田黨倍覺輕鬆，因爲目標既定，接下來就看自己如何一步步實現。

後來，張田黨赴台北中央黨部擔任組織部主任，不到一年時間，爲了陳水扁市長連任敗選、立委席位失利辭職，離開黨中央之際，當時的黨主席林義雄也問他接下來想做什麼？張田黨再一次和盤托出心底願望，獲林前主席大加讚賞。因此，當蓮心園啓用時，林義雄親自到白河蓮心園擔任揭幕剪綵貴賓，還致贈「造福人群」匾額，讓張田黨很感動。

「我看到天主教、基督教都有成立照顧身心障礙者的機構，而且很受一般民眾信賴。我心想台灣到處都是廟宇，而且香火鼎盛，何不也從事這類工作呢？」張田黨就憑著一股傻勁，四處遊說台南縣各地的大廟。

林義雄先生於啓智中心成立時蒞臨致詞。

啓智中心開幕典禮，張田黨（左五）與姚嘉文（左四）、甘惠忠神父（左三）、林義雄（右三）、陳哲男（右二）、張士賢（右一）等貴賓合影。

事實上，各家大廟宇除了節慶進香人潮洶湧外，平日前來膜拜奉獻香油錢的信徒遍布四方，資金也十分雄厚，而每逢神明聖誕需要人力更是一呼百應，不怕沒有資源。所以張田黨才認爲，大廟宇只要撥出一點資源，跟天主教、基督教一樣照顧身心障礙者，應該綽綽有餘。

不過，張田黨一頭熱，所獲得的回應卻是相對冷淡。這些大廟宇的主委或總幹事看他積極遊說，反而勸他既然有此熱情，不如自己大力投入，若有需要，他們將從旁加以協助。

本來張田黨有意鼓勵宗教廟宇發揮愛心與善款，但顯然事與願違，一切只好自己來。一九九七年，他糾集多位善心人士共同成立基金會，隔年就迫不及待地投入照顧獨居老人的工作。

「爲避免獨居老人沒有飯吃、餓肚子，我的第一份慈善工作就是爲獨老送便當。」張田黨率先在新營、白河、東山、後壁等周遭四個鄉鎮送便當。先由志工明查暗訪，了解各地獨居老人的生活狀況，再列出送餐對象，每天中午由志工逐一送餐到宅。獨老接到熱騰騰便當，無不感激涕零，視如「天上掉下來的禮物」。

但張田黨不以此爲滿足，他要求志工伙伴在送餐的同時，也深入了解每位獨老的需求，在能力範圍內盡量滿足，讓他們也能像正常人一樣過著快樂的日子。除了送便當外，逢年過節更爲獨老們奉上一份禮物聊表心意，如端午送粽子，中秋送月餅與柚子，年節送桌菜，讓從來沒有人在意的獨老備覺溫暖。

「由於不怕沒飯吃，又能隨時隨地獲得應有的照顧，這廿多年來，獨居老人因乏人注意而滋生的意外事件，已經大大減少許多。」張田黨投入其中，隨時檢視工作與計畫的成效，經年累月下來，獨老因為沒人注意而發生猝死、餓死，甚至急重症失救導致死亡的案件，從數目來看，確實獲得很大的改善。而送餐給獨居老人食用，最高峰曾經有一天六百個便當的紀錄。持續廿年下來，迄今仍保持一天上百個便當。

「當然這些不見得都是我個人的功勞，但照顧獨老的工作，我總是起步較早，發揮拋磚引玉之效，有許多慈善愛心團體也紛紛加入，讓照顧獨老這個區塊愈發蓬勃。也因此，以前因為意外猝死發生許久才被發現的事情，近年來可以說少之又少了。」張田黨認為，這就是一大進步，讓人鼻酸難過的事情減少，就是文明的表徵，這也符合了少年張田黨的初衷。

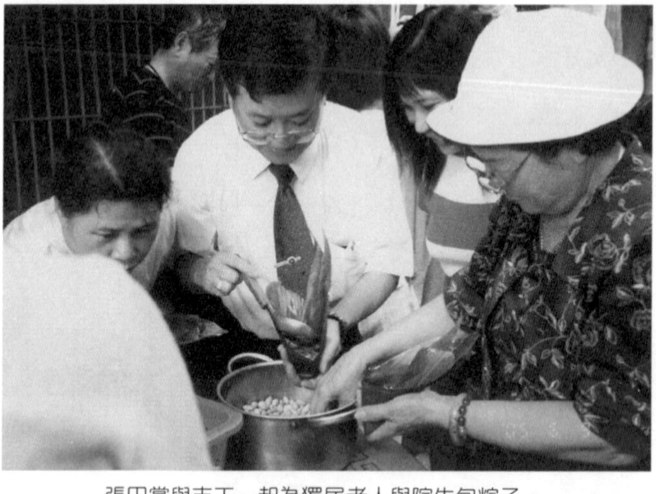

張田黨與志工一起為獨居老人與院生包粽子。

廿九、照顧身心障礙者

「每個孩子都是父母親的心頭肉，誰也不願意自己的子女成爲別人眼中的累贅，尤其因先天性疾病造成的身心障礙者，更難免增加家人負擔，並引來他人的異樣眼光。」張田黨說，早年這種身心障礙的兒童與少年，因政府福利措施不足，加上大人爲了養家活口，只好爲他們「鐵鍊加身」，以防發生意外。鐵鍊成了最好的「照護器具」，著實令人看了心酸。

「除了送餐給老人吃之外，我開始籌辦照顧身心障礙者的處所，兩種福利措施齊頭並進，不怕事情有多艱難，有心去做，一定能有所進展。」張田黨當時年近半百，正值壯年，精力充沛，劍及履及，毫不猶豫。重要的是，從孩童時期就留在他心底的陰影一直無法抹除，讓他難以釋懷。因此，儘管起頭很難，舉步維艱，但他還是做得很快樂，因爲所有的願望一起實現了。

說來不容易，張田黨輔選陳唐山攻下台南縣長寶座，民進黨初次執掌縣政，人力缺缺，只要他開口，現成的職務就擺在眼前。再說，張田黨卸任台南縣黨部主委赴黨中央擔任組織部主任後，相識滿天下，交遊也廣闊，若只爲求一官半職，其實並不難。更何況，張田黨從事黨務工作並沒有放棄本身嫻熟的醫藥業務，開藥房、直銷健康食品等等事業，他都駕輕就熟。如果只想安於現狀，不虞溫飽，絕對可以過得安逸舒服。

但張田黨胸懷壯志，不想過平凡日子，他早年矢志要照顧獨居老人、身心障礙者，一頭栽進去並視為終身事業，無怨無悔，從無到有，從零到一，一步一腳印，開始了扶助弱勢的志業。既掃除了少年張田黨心中的陰影，也實際幫助很多弱勢家庭，讓家屬擁有最有力的依靠。

張田黨前半輩子從事醫師助理、西藥業務等工作，在照顧獨老、身障者時均派上用場，為這個新興事業加分。而張田黨後來利用空閒時間念完逢甲大學合作經濟系的學業，除了填補年輕時未能念大學的遺憾以外，這些真正用心求得的知識，也為他規劃蓮心園的多元經營提供了很大的幫助，讓他做起來得心應手。

「那是個全新的領域，必須要有足夠的耐心、人力，所謂凡事起頭難，真讓人摸不著頭緒。」一九九八年，張田黨申請啓智中心立案獲准，踏出第一步；一九九九年二月間，他在自己成家立業的白河鎮秀祐里，找到一家已不再使用的幼稚園，做為蓮心園啓智中心的起步。原本說好月租三萬五千元，但屆開張之日居然被漲為五萬元。張田黨只能咬牙吞下去，更下定決心「使命必達」。

現在頗具規模的蓮心園啓智中心，一開始只有九位日托兒童。「當時花了一番心思將廢棄幼稚園改裝成啓智中心，之後又與縣府社會局接洽，經社工評估，改裝後的啓智中心可以接受日托兒童，因此撥交了社會局轄管的九位日托兒童與老師，全數進駐到中心來。」張田黨以辦喜事的心情迎接師生的到來，原本荒廢的園區注入活力，頓時熱鬧起來，跟著忙進忙出的張田黨，一顆忐忑的心也總算定下來。「阿福……我幫你找到新家了，你不用再住鐵籠子了。」張田黨凝視這一切，心裡不禁浮現這樣的聲音。

張田黨一開始先進行實驗性質的受託，照顧九位身心障礙兒童，實施之後經評估效果良好，遂於當年十二月廿六日正式成立蓮心園啓智中心，跨足服務身心障礙領域。張田黨心滿意足地擇吉日舉行開幕典禮，民進黨主席林義雄也親臨蓮心園殷殷祝福，讓張田黨十分感動，堅定往前走的決心。

從九位日托兒開始，蓮心園動員上下用心照料，漸有聲名，指名到蓮心園的日托兒日增，很快就達到四十五位額滿目標，小小的園區已漸顯擁擠。同時，這種白天送到園區，晚上由家長接回家（或由園區雇車載運接送）的日託業務，讓日托兒來來去去、交通往返，增加很多不便。爲此，家長紛紛表達是否辦理住宿，讓日托兒全天候獲得完善照顧。

「循序漸進是必要的步驟，小樹苗終要長成大樹。」張田黨抱著試驗的心情，看待在白河鎮秀祐里的啓智中心業務，由於運作相當順暢，規模日愈擴大，全心照料也眞正讓家長感到放心，爲了更上層樓，他開始覓地興建現代化規模的啓智中心。

台糖在台南縣擁有龐大農地，張田黨相中台糖柳營太康農場鄰近台一線，交通便捷，距離市區也很近，生活機能佳，於是找上台糖高層洽談，盼能承租或購買取得土地。他原本構想取得五甲面積的土地，其中二甲撥給旗下的廣播電台使用，將事業與廣播媒體結合起來，且獲得台糖初步允諾租賃。但後來台糖方面又聲稱承租二甲以上面積必須先通過環境評估，是項評估作業費用粗估需要兩千萬元，這對剛起步的蓮心園負擔太重，只好打退堂鼓。

「不過後來這筆台糖農場土地卻被柳營奇美醫院取得，闢爲醫療園區。」張田黨回想起來，對此事有無限感慨。當初找上台糖洽談承租或購買農場土地，係爲了讓身心障礙者有一處可以好好復健、訓練的處所，也盼台糖本於國營事業能體恤關照基層的需求，但一開口就遭台糖拒絕。後來雖勉強展開洽談承租或購買，最後仍遭環評需求「三振出局」。然而，當大財團找上門卻是一拍即合，兩相對照，令他不勝慨嘆！

二〇〇七年三月，張田黨透過多方募款，買下後壁鄉上茄苳小南海風景區旁邊的一處一千二百坪的丘陵地，經妥善規劃興建完成現在院址。小南海風景區碧波萬頃，有完善的環湖木棧步道，東邊有關子嶺群山，湖區環繞蓮花田、稻田，風景優美秀麗，置身其中，能讓人忘卻世俗塵囂煩惱。在台糖土地之後，張田黨轉而相中這裡做爲蓮心園啓智中心的院址，也就是看中了這裡視野遼闊，景觀優美怡人，對於身心障礙的院生是最好的療癒環境。

「當年也曾有機會入主台南縣政府主導的，位在龍崎鄉的一家教養院業務，如果當時順利的話，就沒有如今蓮心園的一切。說實在的，當年那位作梗的社會局主管，讓我很難釋懷，不過現在想起來，反而感到有些小幸運。」張田黨回想過去，再看看在後壁小南海的大片基業，隨著時光流逝，這處基地愈顯珍貴，除了視野寬闊、景觀宜人之外，交通也十分便捷，既鄰台一線，距二高交流道也很近，搭高鐵只要半小時車程。

事實也證明，由於環境優越，照顧措施周延，院生人數有增無已，達到一百十四位。業務上了

張田黨募款建立「蓮心園」。

軌道，主管機關派員考核均獲得優良評等，也吸引其他同業前來觀摩。「遙想當年，冰涼的鐵籠子，隔離所有溫暖的食物、撫慰，孤伶伶的阿福木立鐵籠中，任由風吹雨淋，得不到應有的關懷，這樣淒苦的場景終於不再……」張田黨儘管認爲還有很多地方猶待改善、猶待進步，但較之當年已感到欣慰。

卅、不良私立教養院

「沒想到居然有人會把身心障礙的兒女像貨物一般轉賣給私立教養院，而院方也視如豢養的牲畜，完全不人道，令人髮指。」台中選出來的國民黨籍立委徐中雄，循線踢爆台南一家私立大眾教養院，指院方以「買斷」的方式招攬院生，且平日的教養方式形同虐待霸凌，十分不人道。

據了解，這家教養院的負責人假裝行善做公益，四處募款，甚至以買賣的方式招攬院生，他的方式是這樣的：由於社會福利措施不足，家有身障兒，照料生活起居總嫌不方便，而且需要全天候陪伴在側，有如一大包袱，家屬身心疲累，遑論從事經濟活動，賺錢營生。在此一背景之下，教養院負責人跟家長談妥交易，以一位身障者五十萬元至三百萬元不等的價格，買斷一輩子。

也就是說，家長只要出得起錢，就可以甩脫包袱，身障兒從此被帶到教養院去照顧一輩子。教養院負責人見錢眼開，把簡陋的教養院說成大豪宅，三餐有人照料，大小便有人服侍，晚上蓋被，早晨叫起床，有運動復健，有團康娛樂，生活環境簡直如同天堂一般快樂。身邊有幾個錢的家長，一聽到這樣體貼入微的照料，無不心動，恨不得馬上將身邊的包袱給卸下來，即使借錢也在所不惜。

殊不知，離開父母身邊的身障兒，踏出家門去的不是天堂，而是通往人間地獄的第一步。由於院方只知道斂財，根本不顧院生死活，偶爾舉辦「安親日」，才被用心打扮得光鮮亮麗見見家人。過了這一天，其他日子則是暗不見天日。

據指出，這家教養院院生一星期才洗一次澡，院方誆稱怕院生感冒，實則是院生因身障之故，洗澡總是礙手礙腳，故減省為一週一次，任令全身發臭。每天下午五點草草吃完飯後，全部關入寢室內，不准再步出戶外，所有便溺都在屋內解決，早上開啓寢室再一次沖洗乾淨，居住環境喻為豬舍，實不為過。

大眾教養院虐待院生的內幕被踢爆後，經台南縣政府社會局查訪屬實，立即予以撤照，解散院生。據聞，以斂財為目的的負責人把不義之財全都拿到中國投資，後來以失敗收場，也受到應有的司法懲罰。而教養院凌虐院生的內幕被揭發之後，家長聞風趕到，見兒女遭遇非人，均忍不住鼻酸落淚，悔恨自己一時衝動，讓兒女受苦受難。此後，私立教養院設備、制度是否完善，備獲社會各界正視，各縣市政府社會局主管機關也加強查訪稽核，防範類似的不良教養院再出現。

被解散的教養院院生經縣府分配到各個合法的教養院收容，蓮心園被分配十位院生。「那天下著雨，我率同仁撐傘等候接人，甫下車映入眼簾的那一幕，永生難忘。」張田黨說，那簡直是電視螢幕才會出現的難民景象：十位男女院生，全身上下沒一處乾淨，不是污漬就是鼻涕，衣褲鈕扣錯置，眼神呆滯，遠遠就能嗅到一股異味。這不是難民，什麼才叫難民？這幅景象令張田黨看了目瞪口呆。

張田黨連忙指揮蓮心園同仁將他們接進屋內，帶到浴室做全身清洗，這才發現院生因爲長久疏於練習大小便，習慣直接就便溺在褲襠內，因而搞得全身髒兮兮。工作人員忍著臭味協助清理，連洗了三遍，身上仍有異味殘留，主要是一週只洗澡一次，加上隨時便溺的壞習慣，導致身體飄散濃濃異味之外，還有人罹患皮膚病。

「十位院生中，有一位後來取名『陳好命』的女生，她已十八歲，得到這個名字之前，是個無名氏。」張田黨說，世界上就有這麼悲慘離奇的際遇，如果不是因爲教養院凌虐院生被踢爆，即使有一天她生命消逝了，恐怕也沒人知道。

由於教養院出事後，所有人員鳥獸散，而負責人四處斂財招攬而來的院生，也不見得能依照政府的社福規章辦事，因此產生許多問題。例如有人身分背景資料闕如，叫什麼名字、從何而來，一切成謎。更叫人錯愕的是，這名十八歲少女根本不會說話，只會發出啊啊啊的聲音，完全說不出一句正常語句，更不必提寫字，她因此注定成爲無名氏。

被帶到蓮心園那天，可能是太久沒搭過那麼長程的車，她一臉驚嚇，眼神如死魚般凝視前方，一語不發。抵達目的地，她慢慢移動腳步，被帶到屋裡清洗乾淨後，就自行蹲在牆角，隨著時間一分一秒過去，蓮心園工作人員注視她接下來的舉動，只見無名氏腳也不換，不怕痠麻，一蹲就是數小時。只要有人接近，她就會一臉驚惶地轉過頭來注視對方，接著高舉雙手做防衛狀，一副有人要掄拳打她的反應。吃飯時，她把送到眼前的飯用手迅速抓過來，送入嘴巴內囫圇吞下肚，之後又趕緊回復蹲踞牆角的警戒姿態。她沒有養成上廁所的習慣，是隨時隨地便溺，以致於全身又髒又臭。

「從行爲舉止來看，她應該經常受到凌虐，不是鞭打就是拳打腳踢，否則肢體語言不至於如此突兀。」張田黨見無名氏反應如此，宛如親自深入那間毫無人性的教養院，耳邊彷彿傳來非法教養院員工厲聲喝斥院生、以強凌弱的咒罵聲，以及院生身體遭毆打號叫，被踹翻卻無力反抗，猶如人間煉獄的悲慘畫面。

由於無名氏全身罹患皮膚病，潰爛處長膿，蓮心園員工馬上將她送到醫院接受檢查。除了外觀可見的皮膚病外，醫師還檢查出她的肚子裡寄生蟲一大堆，顯然平日飲食十分不衛生，影響到她的健康。員工立即爲她辦理住院治療，經過數個月調理之後，無名氏才漸漸恢復健康少女的模樣。

除了生理健康逐漸恢復之外，她的心理似乎也漸漸感知愛的滋潤。少女慢慢懂得跟人互動，臉部不再只有一號驚恐表情，開始有了微笑。以前有人接近就高舉雙手、準備防衛的姿勢不見了，讓工作人員愈來愈有信心。「一般人的日常生活作息，應對進退，不是什麼大問題，但是對身心障礙者而言，一舉手一投足都是不簡單的事情。」張田黨覺得老天爺丟給他一個大考題，讓他深深感受一股信心正在萌發之中，足以接受這樣的挑戰。

無名氏重獲新生，但沒有戶籍資料可以申報。正巧當時的縣長是陳唐山，就以陳爲她的姓。而爲了終結在大眾教養院備受煎熬的日子，紀念在蓮心園找到新生命出口，命運翻轉，張田黨靈光一閃，將她取名爲「好命」。陳好命在蓮心園社工員細心呵護之下，不但臉上綻開笑容，偶爾心花一開，也會走到人群中，輕拍某個人的肩膀，然後旋身微笑走開，信步兜轉園區小徑。她有時也會哼唱兩句別人聽不懂的旋律，雀躍的步伐像隻快樂的小鳥。

生命如此奧妙，如果沒有這麼一個周折，陳好命將淪落到什麼結局實在很難講。依她寄居的前一個教養院來看，居住環境有如豬舍，待遇更比牲畜還不如，養豬業者因爲豬隻可變賣換錢，尚且重視豬隻生理狀況，飼料也會加好料，讓小豬健康長成大豬，這個過程至少還是良善的。但陳好命們遭受的非人待遇，很可能只要一場病就會要了她們的性命。如果是還有家屬關照的障礙者，因爲懇親活動的關係，還可能留下一線生機，但若是像陳好命的狀況，連人從哪裡來都是謎團，即使某天化成灰燼，恐怕也沒人知曉，遑論刑事追訴等法律行動。

幸運獲得重生，陳好命如今仍好端端地生活在蓮心園內，有尊嚴地過著舒適的日子。這個例子時時提醒張田黨，教養院是做功德的事業，身心障礙者人生的髒污、彎曲，可以在這裡獲得洗滌，得到舒坦，帶給他們新生命。儘管付出是辛苦的，但獲得的回報卻讓人安心愉悅，比中了樂透彩還讓人快樂。

「董事長好！」元氣十足的問候聲，讓張田黨精神一振。阿財，一個在大眾教養院受盡凌虐的肢殘身障者，但生命轉了彎之後，蛻變為另一個人。他每天都精神抖擻地打掃園區環境，遇到熟識的人，遠遠就會開口打招呼，尤其見到張田黨更有如見到親人一般，扯開喉嚨大聲問候。

阿財雖然肢體有殘缺，也略有思覺障礙行為，不過整體而言，他可以分辨狀況，屬於可以輔導的類型。因此，他在大眾教養院時期，被指定三餐打菜、分配餐盤食物。這樣的工作，平常人都難免失手，但阿財偶爾不慎弄翻了餐盤、掉落食物，就馬上換來一頓毒打。他無法表達情緒，面對鞭子、拳腳，只能軟弱地遮擋，談不上防衛，屢次如雨下的拳腳之後，仍得勉力做完工作才能換一頓飯。

阿財只能在暗夜啜泣，但沒人安慰他，日復一日。然而，家屬從不良教養院方面獲得訊息，指阿財比一般院生更獲「重視」，能夠分攤工作，負責打菜分盤餐，儼如在職場得到多一分待遇，竟信以為眞，拿了一筆錢賣斷給大眾教養院，把他的一輩子託付給這家不良院所。對家屬而言，他們等於獲得解脫，但是對阿財而言，等於此生被推入火坑。教養院則又斂聚了一筆不義之財。

「如果阿財小時候家境許可，能夠接受治療教育，或者到特教班上課，生命將會完全不一樣才對。」張田黨認為這些被放棄的孩子，是因為沒有獲得善待才變成這樣，若能正常接受教育，也許每個人都將展現特殊才能，爲自己的人生增添光彩。

阿財從大眾教養院被送到蓮心園時，情況不像陳好命那樣嚴重，見到陌生人就高抬雙手做防衛舉動。他反而很像一位園丁，每天早上自動自發地打掃園區環境，見到搬桌椅等事情也都會主動趨前協助，一遇到熟人更是這個好、那個好，比起一般身心障礙者，阿財表現算是十分良好。後來蓮心園成立一處農場，讓能夠從事農務者也加入生產行列，阿財就成了專職農夫，種植蔬菜、水果，每天用心澆灌，每當看見種子結成果實，阿財便手舞足蹈，歡天喜地向前去巡視的張田黨報訊。

「有一陣子，大家都在瘋開心農場，那只是電子遊戲，並不能種出可吃的蔬果食物，卻有這麼療癒的效果。因此，我就將名下四分土地做爲蓮心園的庇護農場。」張田黨見電子遊戲有功效，乾脆提供眞正的田地讓蓮心園院生去實際耕種，做爲治療場所，也眞正發揮功效，阿財就是其中一位。

由於農場設立的初衷並非營利，因此特別強調有機、養生。庇護農場種植的有機苦瓜曾賣到一台斤一百元，而稻米有機管理不施肥、不用藥，一分地只種出六百台斤，再以日曬法除濕後碾米，一公斤賣到一百七十五元，讓各方爭相採購。但更重要的是，身心障礙院生從耕種之中學習，強化了自身認知，對他們各方面成長均有顯著效果。

張田黨與社工、志工悉心照料院生，規劃愛心農場讓院生參與農作實習，成效良好。

卅一、金門縣長李柱烽與蓮心園

「我發現，身心障礙者很愛敲敲打打，也很有表演慾望，如果能夠給他們舞台，一定可以獲得不錯的療效。」張田黨每天跟院生生活在一起，觀察他們的言行舉止，得到這個結論，並且在實務中實現了讓身障者表演的構想。張田黨這個構想，尤其獲得金門縣政府大力支持，前縣長李柱烽甚至邀請張田黨到金門縣經營身心障礙者教養院。

於是，蓮心園挑選了可以當演員和觀眾的院生，準備成立劇團。在演出計畫實行過程中，張田黨和蓮心園的社工們進一步發現，院生中有人眞的很願意跳上舞台做誇張的演出，愈演愈帶勁。而在台下當觀眾，也能被帶動情緒，本來連動都不想動的院生，坐在台下觀賞劇情演出，也可以讓他身心靈都活躍起來。院方也決定，從台南市區邀請戲劇系的大學生，前來指導表演院生最基本的肢體語言。

「偷番薯的劇本，就是以我小時候印象最深刻的同村小孩偷番薯被地主逮獲、遊街示眾的記憶爲主要劇情。」張田黨希望藉此教導院生偷竊不好，但用遊街示眾懲罰竊賊更不好，寓意深刻。不管院生懂不懂，至少在過程中，每個人都玩得很快樂，富有教育意義。

在戲劇系學生與蓮心園社工員的帶領訓練下，蓮心園劇團正式成立。第一場實驗表演，由張田黨親自督陣指導，院生在台上表演偷番薯、躡手躡腳的模樣，演得入木三分，後來被查獲的慌張表演，逼眞得讓張田黨開懷大笑。飾演地主的院生也演得有模有樣，把地主的淫威，以及那一副仗勢凌人之貌給活生生的演了出來，惹得院生與社工員都哄堂大笑。

劇場表演必須要背台詞，爲了因應院生特殊狀況，劇本設計的詞句都盡量簡短易記。有人眞的能牢牢記得，但有人即使連背一整天，一上台還是一句話也講不出來。經由張田黨指點，若劇場遇到這種狀況，可以用背景音樂帶過去，串起整個劇情，就在這樣的拼拼湊湊之下，將殘缺不全的劇情帶到圓滿境地。

實驗劇連續演練了數十遍，終於能夠登堂入室，上台表演給台下觀眾欣賞。但是會忘詞的演員永遠會忘詞，每到他演出的關鍵橋段，社工員和舞台劇訓練員都屏氣凝神注視著他，只見台上的他頭一歪，還是什麼都忘了，只能傻楞楞地呆在現場，社工員只能洩氣相視。

不過，劇場上冷不防地出現這個冷場效應，台下觀眾反而掌聲如雷，製造出高潮氣氛。劇組人員於是將錯就錯，製造效果，劇情順暢發展下來，也讓大家笑出淚水來。

蓮心園劇團在台南、嘉義、高雄、台北、淡水等地的街頭進行舞台劇表演，均帶來意想不到的好評，尤其是將錯就錯的部分，總是惹來觀眾歡聲雷動，意外成為劇場最吸引人之處。他們在淡水捷運站出口處廣場的表演，屢屢吸引人潮擠爆現場，這個地方也成為院生最愛佇足、表演的場地。後來，劇團更進一步到宜蘭縣文化中心的劇場表演，同樣吸引滿場人潮，陳定南、林義雄、游錫堃三位好友嘉賓也蒞臨觀賞。

「最支持的要數金門縣政府，前縣長李炷烽並沒有因為我的綠營背景而排斥，反而十分歡迎蓮心園劇團前去表演。」其實在張田黨成立蓮心園之初，遠在海角的金門縣就有八位院生進駐，原來當地並沒有教養院設施，家長只好千里迢迢將子女送到台南縣後壁鄉的蓮心園啓智中心。可能是因為這個緣故，李縣長對蓮心園好心收容總是特別有好感，不但邀請劇團到金門縣表演，就連食宿和機票也全包，四天五夜大手筆花費數十萬元。

為了這趟金門行，劇團調整了演員陣容，將來自金門縣的院生優先排入表演名單。園方如此費心安排，主要也是趁機讓院生能回一趟金門家中與家人團圓。當飛機抵達金門尚義機場的那一刻起，金門縣政府派員接待，晚餐也由縣長率一級主管接風，如此高規格的接待，令張田黨難忘又感慨——感慨的是，在台灣本島還沒有縣市如此重視過。

後來，金門縣政府有意以ＢＯＴ的方式成立教養院，邀請張田黨移植蓮心園教養院的成功模式，但鑑於金門縣當地年輕人才外流，不易找到適當人手，評估之後放棄。直到今天，金門縣政府仍十分重視在台灣蓮心園的金門子弟，逢年過節均派員探視慰問，給離鄉背井的子弟一絲來自故鄉的溫暖。相較之下，高雄市政府斤斤計較，前來安置的孩子，因爲只有晚上才回院方住宿，白天待在學校，而因此苛扣費用，實在無法相提並論。

卅二、投身社福事業開創一片天

「看到許多外國籍的牧師、神父爲台灣偏遠地區教育、醫療或弱勢族群出錢出力，毫無怨言，總讓我心底升起一股無比的虔敬，尤其很多弱勢族群，即使自己親人也不見得願意照料，在牧師、神父眼裡卻視如己出……」張田黨踏入社福這塊領域之前，常常有個念頭閃過：天主教、基督教因爲在社福付出很大心力，所以贏來廣大民眾的信賴，如果本土宗教團體也願意這樣付出，相信會獲得更廣大信眾的支持。

但如前所述，他的一頭熱卻換來一盆盆冷水澆頭。「許多廟宇負責人聽了之後，都表示願意協助我籌辦，至於由廟宇投入其中則興趣缺缺。」張田黨實在很難想像爲什麼反應是如此？是自己太天眞嗎？還是社福領域眞的太艱難？

到處碰壁之後，張田黨決定自己來。經歷了從白河市區廢棄幼稚園草創院舍的時期，到後來興建了現代化規模的啓智中心，張田黨可說備嘗其中困難，也開始明白廟宇拒絕的考慮和道理。但也因此，他更加尊敬基督、天主教的牧師和神父們，敬佩他們來到異地走入人群、服務人群的那份愛心與耐心。

「愛心與耐心每個人都有，可是捨得用在他人身上嗎？尤其是這群啓智院生，他們好像是被破壞了的鐵軌，時而歪曲、時而截斷，永遠沒辦法在正常的軌道上。員工必須扮演溫柔的鐵錘，小心翼翼地加以扶正，必要時就融入院生的角色，以身作則，啓迪他們怎麼做。」張田黨身爲經營者，在一旁觀察之餘，不禁也設身處地，體會這份神聖工作的難處。

儘管有時候很挫折，但只要院生有良好回應，那份喜悅，實在是言語不足以形容。「有個叫做陳勇自的院生，他參加二〇一七年的特殊冬奧，得到一百公尺與四百公尺接力雪鞋競賽金牌，這就是個很勵志的故事。」張田黨說，陳勇自原本很木訥，不敢表現自我，經常埋藏在自己的小世界中，鮮少表露情緒和他的運動天分，乍看之下，就是一般的啓智院生。

但是有一回，陳勇自參加戶外教學，走在田間小路上，只見別的院生都走平坦路面，他卻專挑比較陡的田埂去走，而且走得特別平穩，表現出絕佳的平衡感。帶隊老師一次次觀察他，自己也親自去走一走田埂，結果一不愼就走歪掉下來。老師發現陳勇自這方面的天分之後，便加以指導，讓他充分發揮運動本能，結果在冬奧雪鞋競賽中脫穎而出，「憨慢囡仔」成爲「台灣之光」，爲自己的人生添得一面金牌。

「這樣的表現，當然振奮了啓智中心上上下下。但也有讓人沮喪灰心的事情，如果不是激勵人心的事情比較多，恐怕也做不下去。」張田黨提到，曾經有位院生罹患心血管方面的疾病，院方特別注意他的用藥和生活起居。但有一天，這名院生用完晚餐應返寢室，卻被發現他跑到隔壁寢間，兩手撐在窗戶上一動也不動，經送醫急救，三天後宣告不治。

這件疑爲心血管方面宿疾所引發的意外，一直引來家屬和前主管官員的質疑並移送法辦，官司訴訟糾纏多年不斷。「實在是問心無愧，不然，光是法院文書往返，就足以讓人崩潰。」張田黨每每遇到這種事情，總是不停提醒自己當初是抱持什麼樣的心情踏進社福領域，不忘初衷，勇敢而堅定地走下去，才對得起那些啓發自己不顧一切投身進去的小人物，包括在自家凍死的阿元伯，被關在鐵籠子的阿福。

從台灣日勇公司到社福領域，張田黨離政治愈來愈遠。「我的個性嫉惡如仇，愛恨分明，看不慣就一定反對到底，這種性格絕對不容於現實政治，所以從一開始我就沒有走政治這條路的打算。」張田黨自認跟政治圈有落差，因此，政治方面都止於黨務工作，不想再往前踏一步，換句行話就是「扛轎而不坐轎」。

把精力放在社福事業，反而開創出一片天，有別於政治圈的複雜難懂，蓮心園啓智中心的喜憨兒，單純樂觀，給張田黨帶來無比的歡樂與信心。「喜憨兒與世無爭，平常人的一小步，就是他們人生的一大步，能夠幫助他們克服生活中的困境，不但他們自感驚喜，連我在一旁指導也覺得不可思議……」協助喜憨兒站起來的喜悅，讓張田黨動力爲之泉湧。

儘管張田黨沒有躍上政治舞台，但因爲長年涉足政治圈，仍獲得許多無形的助

賴清德選市長前，來蓮心園中心拜訪，與張田黨合照。

益。例如他在地方廟宇對社福事業敬謝不敏之後，使命感油然而生，爲籌措愛心基金，張田黨前往政治中心的台北市找台南縣旅北同鄉會尋求支持。也多虧他長年在黨部擔任輔選工作，許多在北部打拚事業有成的鄉親，都認識張田黨其人其事，而樂於慷慨解囊，讓勸募工作進行得比較順利。

「說起來也十分有趣，當時陳唐山卸任縣長，在扁朝中任職，我到台北募款，眞的頗爲辛苦，也不敢太過於花費，畢竟每一塊錢都是愛心款，爲了節省開銷，就借住在陳唐山的宿舍裡面，有了這個落腳處，在台北募款就方便太多了……」張田黨慶幸當年自己慧眼

歲末圍爐 獨老蓮心園與憨兒同歡

市長感謝園方長期照顧弱勢 願全力提供補助

記者翁聖權／後壁報導

後壁蓮心園啓智中心廿四日舉辦歲末感恩餐會，邀請社區獨老前來圍爐，市長黃偉哲及多名民意代表及地方人士也到場同歡，場面溫馨感人。

蓮心園歲末感恩戶圍爐活動，邀請了送餐服務及周圍社區獨居一百名老人參加，院方安排憨兒太鼓表演、舞蹈表演與薩克斯風表演，還有學生志工表演，氣氛相當歡樂。餐會結束後，蓮心園還送給獨居老人愛心福袋及生活物資，讓他們可以溫暖好過年。

市長黃偉哲致詞表示，感謝蓮心園長期以來對地方上弱勢的民眾的照顧，台南市政府也會盡全力提供各項補助給蓮心園，並幫蓮心園做行銷，讓蓮心園可以有更好的資源來照顧這些弱勢的憨兒與獨老。

除發放在場每位長輩福袋及生活物資外，蓮心園基金會董事長張田黨也致贈紅包給獨老。他表示，看到這些老人家快樂的神情，也讓他心情感到無比欣慰還喜悅，非常感謝許多人對蓮心園的幫忙，在未來的日子會更努力來幫助社會上的弱勢族群，社會福利需要更多人來關注，希望讓每個角落都能幸福與溫暖。

↑蓮心園董事長張田黨（圖左）慰問獨居老人。（記者翁聖權攝）

蓮心園照顧獨老，品質與成就有目共睹，吸引媒體報導。

識英雄，力排眾議拱出鹽水鎮出身的陳唐山競選台南縣長，一舉攻下民進黨在南台灣的灘頭堡。從此台南綠化，棒子交到蘇煥智縣長、縣市合併後的賴清德市長，根基愈扎愈穩，也因爲識人之明，在後來的蓮心園愛心事業中得到很多幫助。

卅三、回首一生草根心，瞻望台灣民主路

二〇一六年，民進黨蔡英文、陳建仁當選正、副總統，立法院席位也過半，綠色首度完全執政，所有民進黨人士氣爲之一振。這一年的七月十五日，行政院送來聘書，敦聘張田黨爲行政院顧問。一輩子爲民進黨打拚，張田黨從來沒有想過有這麼一天能夠獲此殊榮，備覺欣慰。

張田黨出身嘉義縣鹿草鄉務農人家，爲最基層的台灣農村子弟。那個曾經在八掌溪撐船冒險、過溪抓青蛙，差點翻覆沒命的窮小子，一路走來，抱持著凡事謙讓的態度，只服膺公義，寧爲不公不義之事多爭一口氣。也因此，當別人攀龍附鳳之際，他總是默默立於角落，思考下一步該怎麼走，不想就這樣停下來，努力搬梯子往上爬、登頂峰。

張田黨的第一個謙讓，是初中畢業因家境關係不能繼續高中學業，在失望之中，默默接受家人安排到嘉義市擔任醫師助手，碰上人生第一個傾慕的對象，也就是醫師的二女兒。他在醫師夫婦外出社交時，奉令陪侍醫師家中的小孩子念書、遊戲、說故事等等，鄉下來的窮人家，總有讓都市小孩驚訝的生活奇遇，八掌溪水湍急、蘆葦搖

叟、結網捕溪魚、青蛙比跳遠等趣味橫生的點點滴滴，讓都市小孩聽得入神，從而也對這位大哥哥產生微妙的情愫。

「誰都想有情人成爲眷屬。」張田黨自然也不例外，他試著與有好感的醫師女兒交往，時下年輕人最時髦的看電影、相邀喝冷飲等約會，讓張田黨迄今想起來仍怦然心動。只可惜不是每對情侶都能如願以償，「門當戶對」四個字，不管在哪個時代，總是提醒人們注意愛情之外的種種條件，即使時至今日，也依然是重要因素。張田黨想起自己務農的家境，心裡先打了退堂鼓，寧可將內心的喜愛轉化爲盈盈的祝福，默默轉身離開。

在這段感情之外，滋生了另一段機遇，也是位醫師的女兒。由於張田黨工作認眞、態度誠懇，凡事細膩用心，看在隔壁醫師夫婦眼中，很是中意。由於醫師家有喜憨兒，希望將來的女婿能夠一併照顧，免除後顧之憂。張田黨雀屏中選，醫師夫婦特地到嘉義縣鹿草鄉張家作客，一見張家是單純務農之家，就暗下決定務必達成目標，向張田黨的雙親提出條件：若能答允照顧家中喜憨兒，陪嫁物除了價值不菲的市區房產外，還包括數甲山坡地。

如此優渥的條件，在任何時代都會讓人爲之心動。然而，當時張田黨的心中已住著另一位佳人，也不希望條件式的婚姻，因此，這種一般人視爲「天上掉下禮物」的奇遇，張田黨卻淡然處之，沒有輕易允諾。在他心中，還有夢想還沒完成，不想被小小的幸運絆住；其次，身爲農家子弟，習於自我反省，如果兩相不對稱，寧可退讓，不敢僭越冒進，充分表現謙卑情懷。

當兵時期，他則顯現了不畏威權的性格。早年軍中老鳥欺壓菜鳥，大家習以爲常，尤其是張田黨服役的那個年代，當局還高喊「反攻大陸」口號，軍中多的是從中國大陸敗逃來台灣的外省老兵。這些人一路從中國被打到台灣來，名爲「轉戰」實爲落荒敗逃。他們在軍中充當幹部，帶領台灣子弟居多的充員兵，訓斥、凶悍起來，可是不輸給打敗他們的共產黨。

這些缺乏反省能力的中國軍人，來到台灣高喊反共抗俄，私底下卻抱著「能撈則撈、能混則混」的心態。早期軍中仍有屯墾習慣，養豬、雞、鴨、鵝，部分表現正常的軍中長官，會加以宰殺後拿來犒賞基層士官兵，做爲加餐菜之用。反之，則勾結不肖手下運輸到營外販賣圖利己身。諸如此類貪小便宜的雞毛蒜皮之事，多到無法勝數，甚至連抽菸也都是「伸手牌」，指阿兵哥的油。多數台籍阿兵哥碰到這樣的長官，嘴巴不張揚，打從心底鄙視。張田黨則是又講又說，一臉鄙夷，惹得長官火冒三丈，屢屢要將他送禁閉。

「當然也不是個個沒良心，在軍中相當挺我的士官長雷邦傑就是個好人。」張田黨口中的雷邦傑，很欣賞張田黨愛打抱不平、頻頻衝撞連長的個性，認爲他很有膽識。也因此，每當連長搬出官威壓人時，走過大江南北的雷士官長就會趨前一言頂開，澆熄連長氣焰，讓張田黨化險爲夷。置身於早年的軍中環境，沒人敢保證不出事，絕大多數的台灣兵能多低調就多低調，以求得役期平安，安然歸返故鄉。但在這方面，張田黨表現與眾不同，莒光日頻放炮，也不管別人怎麼看他，就是勇於批評，不因環境惡劣而屈服，愈打壓愈反彈，顯露他不平則鳴的個性。

後來他當上民進黨台南縣黨部主委，一舉輔選陳唐山攻上縣長寶座，此後，台南縣長均爲民進黨籍，立下執政基石。若要論功行賞，張田黨功勞很大。事實上，當時派系運作擬推派鄭自才參選，也在黨內初選過關，但鄭爲台南市人，與台南縣地方不熟稔，張田黨心目中的理想人選是鹽水鎮出身的旅美台獨人士陳唐山。他認爲，只有陳唐山出線才能眞正代表民進黨競選台南縣長，爲此，他不放棄絲毫希望，包括親赴山上外役監盼勸退服刑中的鄭自才，結果換來鄭妻當場一頓痛責，無功而返。事後才因鄭出獄日差三天無法趕上登記，而由陳唐山遞補上來。

如果當時採取其他想法或做法，台南縣的政治史頁將重新改寫。其一，鄭自才這一方若力抗不從，推出自己屬意的人選，比如由其妻代夫出征，那又是另一番局面了。而鄭自才故鄉在台南縣隔壁的台南市，算是十分有淵源，不能安以「空降」之名。再說，他宣布投入台南縣長初選就拔得頭籌，足見當年的人氣頗旺，「刺蔣案」雖未成功，但帶給他滿滿的人氣，在初選就打響名號。

其二，主委是當時提名作業中最關鍵的角色，心中的那把尺若有了定見，透過主委建言權，足以左右局面。反之，若張田黨沒有自己的主張與想法，放任選局發展，依當時政治勢力，則可能依已故省議員謝三升的極力主張，重新辦理第二次黨內初選，力圖翻轉第一輪敗仗。不過，張田黨已有屬意人選，不願意再重辦一次黨內選舉，徒增干戈，因此，握有黨中央發言實權的張田黨，力主由第二名的陳唐山遞補，底定了陳唐山出線之勢。

歷史往往就在一念間，張田黨念茲在茲，一定要搬請陳唐山出馬角逐台南縣長。於是在極短時間內備妥書面報告，抱著厚厚一疊資料，親自趕往台北參加黨中央中執會，在會中提出報告。席間獲得時任中常委的陳水扁支持，在會議中投下力挺陳唐山遞補的一票，最終在驚濤駭浪中完成了提名陳唐山的作業。

縣長選舉結束，陳唐山大獲全勝，民進黨贏得執政權，奠立了在台南縣的政治根基。陳唐山的個人魅力固爲勝選一因，但台南縣長久在藍營執政下累積怨氣，亟待一吐悶氣的氛圍更是關鍵。恭逢其盛的張田黨率領黨內人員擺開陣勢全面迎戰，如履薄冰、如臨深淵，縱有小瑕疵，沒有犯下大錯，終於贏來漂亮一仗，當記上一大功。

陳唐山勝選上任之後，於政務第二任內尋覓副縣長人選時，曾私下徵詢張田黨是否願意出任副縣長一職。如果是由學有專精、學術光環罩頂的人士擔任副縣長，這個頭銜或許只能稱得上是錦上添花，可有可無；又或者對長期執政的藍營而言，不管是誰出任副縣長，在他們眼中都只是一個不錯的頭路而已。然而，對出身嘉義縣鹿草鄉、只有高中畢業學歷（後來補足大學學歷）、把八掌溪當成遊樂園的張田黨來說，這是從未想過的頭銜，稱之為人生巔峰亦不為過。其次，陪著民進黨歷經長久征戰終於拿下戰果，能夠一嘗成功的甜頭，那份美妙的滋味，誰又能抗拒呢？

「謝謝！但如果輔選成功就論功行賞，找個副縣長來當，那我豈不是跟那些待改革的國民黨人士一樣嗎？」張田黨謙卑不就，自認為應該好好待在改革發動機的位置上，再進一步為爭取民主、自由而努力，不能就此停下腳步，想著功成名就。因為台灣距離實質的民主還很遠，自己豈能貪圖名利，接受安排擔任副縣長？他因而婉拒了陳唐山邀請出任副縣長的美意。

這個一念之間，也把張田黨從公職愈推愈遠。事實上，許多政治人物的歷練都是先黨後政，一路攀爬而上，擁有這個機運的人不多，輕易放棄者更罕見。然而，張田黨絲毫沒有眷戀，很乾脆地拒絕了這個重要而且吸引人的位置，瀟灑重返縣黨部主委職務，繼續帶領黨工幹部為民進黨開疆闢土。

除了因為個性使然，不願替自己找個好位置之外，其實還有一個很重要的因素是自身的經濟狀況逐漸衰退。「我只顧著南征北討，哪裡有政見就往那裡跑，掏光口袋的鈔票支持相挺，有時候連吃飯、回家的車錢也墊進去。」張田黨長期消耗，沒有經營生意理財，已將身邊積蓄花得精光。打完縣長選戰，這才驚覺再不賺錢，家中米缸就要吃空了。

就像所有來自偏鄉的老實人一樣，有客人來訪，主人一定搬出家中最好的食物款待，就怕來客沒吃好沒吃飽而覺得失禮。張田黨自從在地方黨部當了評委召集人、執委，以及後來當上主委後，每有外縣市同志來訪，都拿自己口袋的錢招待。即使辦公室同仁一起外出辦活動，張田黨也覺得帶領大家出門，有義務讓大家飽餐一頓，這樣才對得起願意跟隨的人。就這樣，三餐外加宵夜，張田黨毫不吝嗇，花錢如流水，把當兵前當醫務助手、退役後從事西藥生意收入等等累積起來的小財富，全部投注在黨外運動、黨內各種社交等開銷，讓他的積蓄幾乎消耗殆盡。

縣長選舉獲勝之後，張田黨還熱

張田黨於訓練幹部後聚餐留影。

衷於接下來的選舉活動，只顧著往外跑，卻忽略家中事業已經擱置太久了。妻子鄒宜瑾忍不住提醒他，經歷這麼長久的選舉活動，家中西藥的生意都快要停擺了，再不注入經營活力，最後將落得關門大吉、喝西北風的下場。妻子一番耳提面命，猶如當頭棒喝，張田黨猛然想起好久沒有把心思放在事業之上，再翻開銀行存摺，日愈短少的數字，讓他觸目驚心，再不好好開發財源，勢必難以撐起家計。在家中沒有隔日米的現實壓力之下，張田黨自然無心於接下副縣長的職務，因爲這個職務不可能賺錢，只能趕緊捲起袖子，再度投入藥物食品的生意。

張田黨勇於挑戰威權，無畏之心只用來打抱不平，打擊不公不義。當他面對已表露情意的心儀對象、條件優渥的婚約，甚至是擺在眼前易如反掌的祿位，反而卻步不前。他並非「不敢」，而是殷實農家子弟自然流露的謙卑情懷，寧願吃虧也不去占別人便宜。在婚姻大事上是如此，有機會接下副縣長的位置，更是不願居功而往外推。

「行事低調，不搶鋒頭，默默付出，顧全大局」，這是張田黨多年來的寫照。二〇一六年總統大選，張田黨協助民進黨候選人蔡英文、陳建仁籌組廣播電台業者與主持人全國後援會，這是史上首次廣播電台與主持人正式組織後援會運作支持特定對象，而且參與情況非常踴躍，順利協助民進黨贏得總統大選，立法院席位也過半。民進黨完全執政的狀況下，蔡英文總統邀請林全出任行政院長，扛起改革的重責大任。當年七月十五日，蔡英文政府也聘請張田黨擔任行政院顧問。這個不在預料之中的榮嚳頭銜突然加身，張田黨感謝小英政府終於看到他長年的努力與付出。

二〇二〇年，蔡英文因力推改革，保守勢力反撲，再逢連任關卡。張田黨從初選就繼續運作後援會，有更多個人團體不分政黨共同加入，於民調低迷時邀請總統上節目全國聯播，適時讓民調躍升。蔡總統才深刻體會到廣播電台深入民間基層，效果驚人。

如今望著那紙聘書，張田黨嘆了口氣。這口氣當中有許多欣慰，回首來時路，他沒有任何政治背景，對時局不滿而蓄積起來的能量，是他唯一的靠山與後盾。他有多少次想退出這個圈子，單純做做生意、積攢財產、過過好日子，但是當社會運動風起雲湧時，總又忍不住全身投進去。生涯起起伏伏，難以甩脫的是那份追求社會公平正義的堅持。然而，所經歷的風險，箇中的辛酸，只有他自己最了解。

「早年參加黨外社會運動，比如五二〇農運，走在台北街頭，外表看似堅定，其實內心很惶恐，不知道下一步會不會踏入陷阱而萬劫不復？」張田黨住在台南縣白河鎮，是個偏鄉小鎮，每次傳聞任何運動時，他在鎮上開設的小西藥房，一會兒調查員、一會兒警總、一會兒警分局，軍警、情治特務人員穿梭個不停，每位到訪者的心思都寫在臉上：「你們有多少人要去？究竟有什麼目的？是不是想顛覆國家？」張田黨深知這些人要的是什麼答案，但在回答之前，總要思慮再三，避免回答得直白，把柄落入對方手中而遭屈服，甚至予取予求，形成無法終結的噩夢。

「我認爲，對待情治人員問話的態度，一定要有勇於就義的心情，也就是要比他們更狠，才可能遏阻對方一步步進逼，如果態度軟弱，必會落得軟土深掘，而至於無法收拾。」張田黨長年與軍、警、情、特人員周旋，累積起個人的經驗，他從不避諱要前往哪裡參加什麼活動，也會順勢帶出執政者鴨霸蠻橫的一面，丟給這些情治人員去接話。例如，五二〇爆發嚴重衝撞事件，警方指參加遊行的人用高麗菜車做掩護暗藏磚塊、鋤頭柄等凶器，企圖製造事端，張田黨人在現場，知道這是栽贓的手法。回到白河鎮上，同樣一批人又找上門，企圖了解事件緣由，張田黨開門見山說「你們自己做的，自己知道眞相」，讓對方支吾尷尬而退。

後來當上民進黨台南縣黨部主委職務，當時剛解嚴五、六年，許多抗爭事件仍在持續之中，民進黨雖然掛牌了，但是勢力仍不夠雄厚，更不是執政黨。每次發生衝突風波或事件，風聲傳回嘉義縣鹿草鄉老家，年邁雙親總是憂心忡忡，頻打電話關懷，總要聽到張田黨的聲音，心頭大石才算落定。甚至也有族親揶揄說：「黨仔怎麼不去當國民黨的主委，卡有勢面，爲什麼當民進黨的主委呢？早晚恐怕被抓去關。」這樣的話聽在雙親耳中，電話更是打個不停。讓年老父母親擔心受怕，也是張田黨最感過意不去之處，每一回想起，總低迴不已。

總是一路走來，只靠堅持、勇氣，沒有眞正被逮捕繫獄，只是屢屢飽受驚嚇，尤其是堅貞相待的結髮妻子鄒宜瑾，守著家庭讓他無後顧之憂，令張田黨感激不已。家庭圓滿無缺，讓張田黨十分珍惜之餘，也細心檢視參與黨外、民進黨時期的運動，若不是有幾分幸運，著實很難想像自己將會是什麼下場。也因此，他將依行政院顧問身分，善盡言責，請小英政府重視轉型正義。尤其，密布基層的警、調人員是司法轉型正義很重要的一環，務必讓所有警、調人員知道他們是為全民服務，不能只服膺某特定政黨。唯有如此，才能確保司法踏出來的一步是公平與公正的。

張田黨先生大事年表

時間	大事
一九五〇年	• 出生於嘉南平原上的嘉義縣鹿草鄉重寮村。
一九五六年（6歲）	• 進入小學，開始求學生涯。
一九六二年（12歲）	• 小學畢業。由於成績不錯，學校老師建議參加嘉義中學考試。但因家族子孫繁多、學費等因素，最後就近念水上初中（一九六三年入學），並借住在外公家中。
一九六七年（17歲）	• 初中畢業後，因家人期望張田黨能出外工作補貼家用，因而中斷學業，到嘉義市「仁安堂」精神科診所，在蔡陽輝醫師手下當精神科醫務助手，任職兩年。
一九六九年（19歲）	• 到台南縣白河鎮打天下，認識未來的妻子鄒宜瑾，也奠定往後的事業基礎。
一九七〇年（20歲）	• 服兵役抽中陸一特，三年役期。 • 服役期間，和軍中袍澤借高中教科書陸續念完高中三年的課本。後來參加教育單位舉辦的資格考，取得高中畢業證書。

一九七三年（23歲）	• 四月二十二日，退伍返鄉。 • 九月二十二日，張田黨與鄒宜瑾結爲連理，並在白河廣安里落腳，擇吉日創業小型西藥房。 • 事業有成，經濟無虞，張田黨關懷面向逐漸移轉到政治。
一九七九年（29歲）	• 十二月十日，爆發高雄美麗島事件。受事件啓發，張田黨此後更熱衷參與社會運動，參加各類抗爭活動。
一九八〇年（30歲）	• 二月二十八日，發生轟動國內外的林義雄滅門血案。
一九八三年（33歲）	• 林義雄妻子方素敏女士代夫出征，投入第一屆第四次增額立法委員選舉。張田黨與白河地方上熱衷黨外活動的曾中山，相偕赴宜蘭縣爲方素敏助陣吶喊。
一九八六年（36歲）	• 九月二十八日，民進黨成立。張田黨於新營「韓城」餐廳宣誓入黨，黨證二〇六號。
一九八八年（38歲）	• 農民運動風起雲湧，三月十六日，由雲林縣農權會幹部林國華、蕭裕珍等人，帶領農民赴台北總統府前抗爭。張田黨也帶領台南縣農民加入，一起在北部爲南部基層農民發聲。 • 由於三月十六日、四月二十六日兩次北上抗爭皆未獲政府回音，引發五月二十日更大規模的抗爭。張田黨參與其中，目睹軍警以鎭暴之名毆打農民，同時製造假新聞，驚覺警察根本是統治者的工具。
一九八九年（39歲）	• 四月七日，主張台灣獨立的鄭南榕，在他辦的自由時代雜誌社引火自焚，引起國內外矚目。

	• 五月十九日，張田黨參與鄭南榕的出殯遊行，親眼目睹詹益樺自焚殉道。 • 張田黨時任台南縣黨部評委召集人，與時任縣黨部執行長陳耀一同爲李宗藩參選台南縣長輔選，李宗藩以些微差距落敗。因對開票結果有疑慮，引發民眾包圍縣府，此事件被稱爲「新營事件」，又稱「縣府滋擾案」。
一九九二年（42歲）至一九九四年（44歲）	• 張田黨擔任民進黨第三屆台南縣黨部主委，任期從一九九二年至一九九四年，但因全國黨部主委、幹部整體改選，主委任期延長約九個月。 • 在林秋滿女士安排下，前往美國聖地牙哥大學參加李瑞木教授主持的課程。而後前往台獨聯盟位於日本的「玉山書院」進行短期進修。 • 一九九二年七月，新營市長補選，爆發吳木桐掉三支槍事件。七月十八日開票，仍由國民黨候選人黃金鏞當選。 • 一九九三年，張田黨爲民進黨募款置產，於新營購買永久辦公室，成爲台南縣黨部。 • 一九九三年，張田黨成功輔選陳唐山當選台南縣長。選後曾受邀擔任機要祕書。但張田黨不願落入國民黨般的分贓政治，因而婉拒邀請，重返縣黨部主委職務。 • 一九九四年，成立台灣日勇公司。 • 一九九四年，台灣第一次省長選舉，擔任陳定南台南縣競選總部總幹事，台南縣得票數僅次陳定南故鄉宜蘭縣。 • 一九九四年，獲選爲民進黨中執委。

一九九五年（45歲）至一九九六年（46歲）	• 一九九五年，擔任台南縣兵役協會主委。 • 前往日本與郭榮桔博士洽談胎盤素進口事宜。過程中發生扣關事件，獲台獨聯盟主席黃昭堂協助解決。
一九九七年（47歲）	• 張田黨結合多位善心人士，共同成立財團法人台南縣私立蓮心園社會福利慈善事業基金會。隔年投入照顧獨居老人的工作，開始爲獨居老人送餐服務。
一九九八年（48歲）	• 八月，獲時任民進黨黨主席林義雄延攬爲中央黨部組織部主任，並於直轄市市長暨市議員選舉前夕，獲派前往高雄市爲謝長廷輔選，打敗吳敦義。但因南北奔波難以兼顧家庭，且陳水扁競選台北市長連任失敗，張田黨遂與祕書長邱義仁等八人共同請辭，負起敗選責任。 • 返回台南，投入社福領域，申請啓智中心立案獲准。 • 報名逢甲大學在新營高中開設的學分班，其後參加大學插班考試，順利錄取爲正式大學生。
一九九九年（49歲）	• 二月，張田黨在白河鎮秀祐里找到一家已不再使用的幼稚園，設立蓮心園啓智中心並開始試營運。受託照顧九位身心障礙兒童，成效良好。 • 十二月二十六日，正式成立蓮心園啓智中心，跨足服務身心障礙領域。開幕典禮時，民進黨黨主席林義雄親臨蓮心園祝福。

二〇〇三年（53歲）	•獲得逢甲大學合作經濟系學士學位。
二〇〇七年（57歲）	•三月，歷經多方募款，買下後壁鄉上茄苳小南海風景區旁邊丘陵地。經妥善規畫，蓮心園啓智中心現址興建完成。
二〇一六年（66歲）	•民進黨蔡英文、陳建仁當選正、副總統，立法院席位也過半，綠色首度完全執政，張田黨受聘爲爲行政院顧問。

國家圖書館出版品預行編目（CIP）資料

蓮心路草：張田黨的人生紀事 / 張田黨口述；陳易志訪問.撰稿；劉承欣整理. -- 初版. -- 臺北市：前衛, 2020.06
面；17×23公分

ISBN 978-957-801-901-0(平裝)

1. 張田黨 2.回憶錄 3.臺灣傳記

783.3886 109000288

蓮心路草

張田黨的人生紀事

口　　述　張田黨
訪問撰稿　陳易志
文字整理　劉承欣
責任編輯　鄭清鴻
美術編輯　宸遠彩藝
封面設計　Hung-Ying Huang Design

出 版 者　前衛出版社
地址：104056 台北市中山區農安街153號4F之3
電話：02-25865708 | 傳真：02-25863758
郵撥帳號：05625551
購書・業務信箱：a4791@ms15.hinet.net
投稿・代理信箱：avanguardbook@gmail.com
官方網站：http://www.avanguard.com.tw
出版總監　林文欽
法律顧問　南國春秋法律事務所
總 經 銷　紅螞蟻圖書有限公司
地址：114066 台北市內湖區舊宗路二段121巷19號
電話：02-27953656 | 傳真：02-27954100
出版日期　2020年6月初版一刷

定　　價　新台幣380元

Printed in Taiwan　ISBN 978-957-801-901-0